安徽省新能源汽车产业融资调研报告

主　编　谭常春　吴华清

合肥工業大學出版社

图书在版编目(CIP)数据

安徽省新能源汽车产业融资调研报告/谭常春，吴华清主编．—合肥：合肥工业大学出版社，2021.5

ISBN 978-7-5650-5306-1

Ⅰ．①安…　Ⅱ．①谭…②吴…　Ⅲ．①新能源—汽车工业—融资—研究报告—安徽　Ⅳ．①F426.471

中国版本图书馆CIP数据核字(2021)第070462号

安徽省新能源汽车产业融资调研报告

谭常春　吴华清　主编　　　　责任编辑　汪　钵

出　版 合肥工业大学出版社		**版　次**	2021年5月第1版
地　址 合肥市屯溪路193号		**印　次**	2021年5月第1次印刷
邮　编 230009		**开　本**	710毫米×1010毫米　1/16
电　话 理工编辑部：0551-62903204		**印　张**	7.25
市场营销部：0551-62903198		**字　数**	142千字
网　址 www.hfutpress.com.cn		**印　刷**	安徽联众印刷有限公司
E-mail hfutpress@163.com		**发　行**	全国新华书店

ISBN 978-7-5650-5306-1　　　　定价：35.00元

如果有影响阅读的印装质量问题，请与出版社市场营销部联系调换。

编 委 会

主　　编　谭常春　吴华清

副 主 编　宋平凡　吴文生

参　　编　陈　菲　薛琪凡　李　勇

　　　　　王达龙　楚卓文

前　言

由于我国经济的快速发展，居民可支配收入的提升，国家政策的推动，我国居民对汽车的需求持续快速增长。截至2020年，我国汽车保有量已达2.81亿辆，但汽车产业在我国仍然具有巨大的增长空间。

汽车产业的快速发展消耗了大量原油和矿产资源。2019年，我国原油进口量首次突破5亿吨，而该年我国原油产量仅为1.9亿吨，原油进口量与国内产量之比约为2.63∶1。2020年，我国原油进口量累计达到5.4亿吨，比2019年增长了8%。因此，对进口石油的高依赖性严重地威胁了我国的能源安全。面对能源供给的危机，全球多国正竞相淘汰汽油车和柴油车。印度、挪威、法国和英国已经宣布，将逐渐淘汰燃油车，以更加清洁的电动或混合动力汽车取而代之。作为世界上最大的汽车市场，我国发展新能源汽车势在必行。

发展新能源汽车已成为大势所趋，但其在融资方面存在的问题仍不容小觑。如我国新能源汽车的技术与研发资金投入不足，大部分资金都投入了整车项目，并未投入新能源汽车核心技术的研发中。又如，产业发展缺乏配套基础设施，2020年我国新能源汽车的保有量达492万辆，但截至2020年12月，公共类充电桩在全国合计约80.7万台，远不足政府规划提出的汽车与充电桩1∶1配比的水平，充电桩的不足已成为新能源汽车发展的瓶颈之一。更不可忽视的一点是投资的主体相对单一，市场投资的主体包括传统车企、新进车企及其他类型企业，资本市场和各类银行对新能源汽车产业的支持力度有限。

聚焦安徽，2019年的新能源汽车销量占全国销量的10%，位居全国前列。2020年，安徽江淮汽车集团股份有限公司新能源汽车销量为31017辆；截至2020年11月，在动力电池行业，合肥国轩高科动力能源有限公司1—11月动力电池累计装机量约2.24吉瓦·时,排名国内第五。截至2020年7月,下游的公共充电桩数量达到了2.8万台,位居全国第七。可见,安徽省新能源汽车产业已进入加速发展阶段,位列全国第一阵营。

发展新能源汽车也是安徽省加快转变经济发展方式,建设资源节约型、环境友好型城市,缓解资源约束和环境压力,提高安徽省经济增长质量,实现节约发展、清洁发展和可持续发展的重大战略选择。让我们共同期待安徽省新能源汽车产业在未来取得更好的发展!

本书是集体智慧的结晶,各章节编写的具体分工如下:第一章至第五章由谭常春和宋平凡负责编写,陈菲协助收集与整理第一、二、三章的资料,王达龙协助收集与整理第四章的资料,李勇协助收集与整理第五章的资料;第六章至第八章由吴华清和吴文生负责编写,薛琪凡协助收集与整理第六章的资料,楚卓文协助收集与整理第七、八章的资料。

限于作者水平及时间,书中的不足和错误在所难免,敬请读者批评指正。

编　者

2020年10月

目　录

第一章　新能源汽车产业链分析

新能源汽车产业链主要包括电池、电机、电控、整车、充电等服务设施五个环节（见图 1-1），上游为电池、电机、电控环节，中游为整车环节，下游为充电等服务设施环节，下面我们将详细介绍新能源汽车产业链的各个环节。

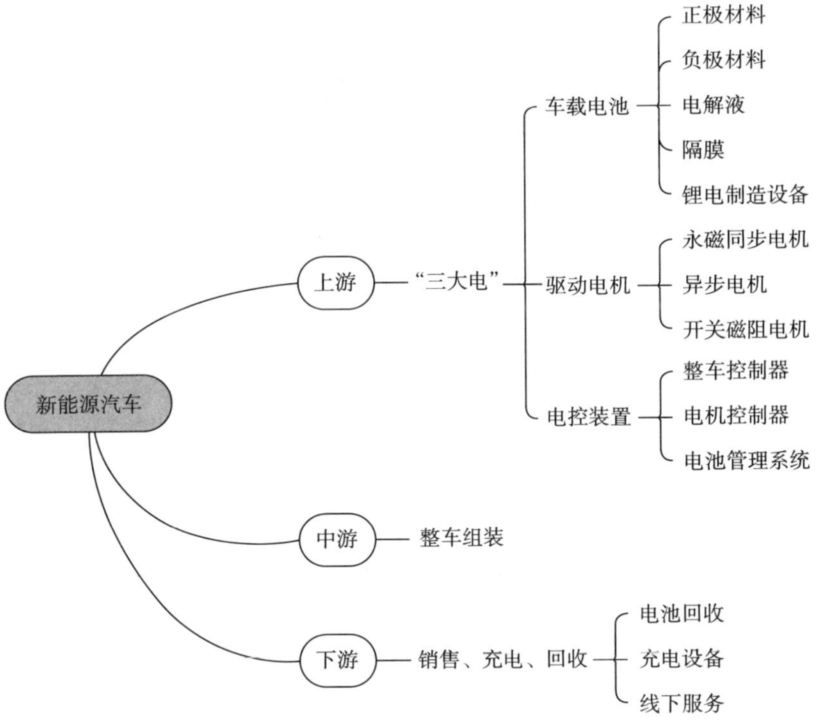

图 1-1　新能源汽车产业链图

一、新能源汽车的上游行业

（一）电池行业

新能源动力电池是新能源汽车的三大核心技术之一，被誉为“新能源汽车的心脏”。按照电池的工作性质和贮存方式，可以划分为两大类：蓄电池和燃料电池。目前，电池行业中技术最成熟的是镍氢动力电池，商业化最成功的是锂离子电池，而燃料电池则被广泛视作远期目标，且各大车企的燃料电池车尚未量产上市。

生产电池材料的上游主要有正极材料、负极材料、隔膜和电解液。国内动力电池主要分为磷酸铁锂电池和三元电池，三元电池在电动乘用车领域应用较广，磷酸铁锂电池在客车市场份额较高。随着技术的提升，三元电池在低温放电性能、能量密度、充电效率等方面优势凸显，未来有望成为主流电池。锂电池主要应用于电动汽车、手机、笔记本电脑和数码产品中。动力电池产业链的情况如图 1-2 所示。

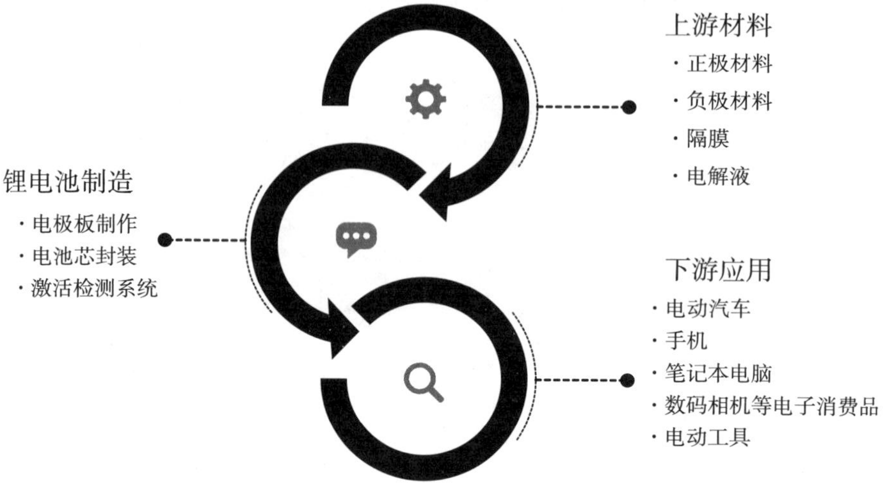

图 1-2　动力电池产业链图

(二)电机行业

电机接收动力电池的能量，在电控系统的控制下驱动车轮转动，进而带动汽车行进。新能源汽车驱动电机主要分三类(见表 1-1)：永磁同步电机、异步电机、开关磁阻电机。从电机类型市场结构来看，由于在稀土资源方面具有优势，永磁同步电机成为我国当前新能源汽车市场的主流电机。

表 1-1　电机分类表

电机类型	优　点	缺　点	适用对象
永磁同步电机	效率高，高效区宽	电机结构复杂	乘用车、客车和专用车
	转矩密度高	饱和非线性，控制复杂	
	电机尺寸小，质量小	一定程度上受到资源的限制	
	调速范围宽	成本较高	

（续表）

电机类型	优　点	缺　点	适用对象
异步电机	控制技术成熟	电机尺寸大，质量大	主要用于欧美系品牌
	电机成本低	高效区窄，受设计构造的限制	
开关磁阻电机	电机结构简单可靠	电机噪音大	应用还受到限制，商用车应用居多
	系统成本低	饱和非线性，控制复杂	
	可控参数多，调速性能好	转矩密度不高	

（三）电控行业

新能源汽车的电控系统主要包括整车控制器、电机控制器和电池管理系统（见图 1－3）。整车控制器：将加速踏板信号转换为动力系统的需求信号，对整车能量进行管理，对各系统进行监控并及时反馈信息和报警等。电机控制器：接收来自整车控制器的指令，将动力电池直流电流进行逆变控制，形成三相交流电，进行电机转矩转速控制，并检测电机及控制器状态，进行故障诊断。

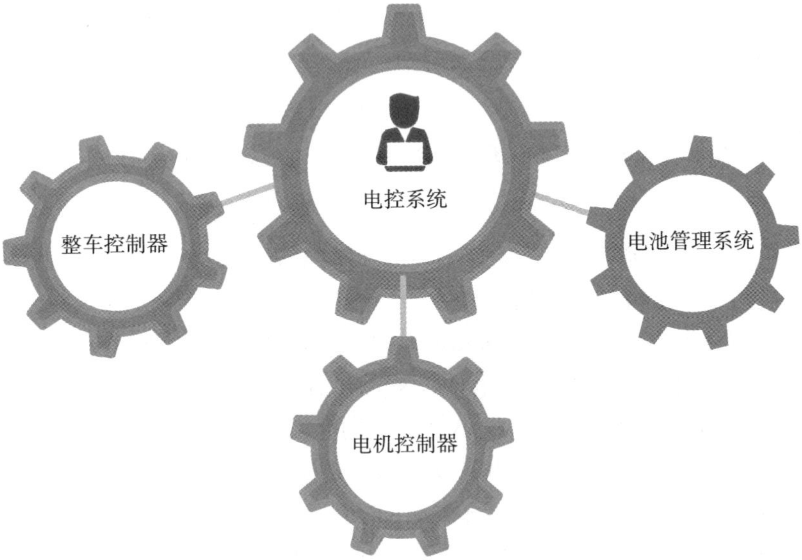

图 1－3　电控系统组成图

二、新能源汽车的中游行业

新能源汽车产业链的中游行业主要指整车企业，它们采用新型动力系统，完全或主要依靠新型能源驱动，综合车辆的动力控制和驱动方面的先进技术，生产出技术原理先进且具有新技术、新结构的汽车。根据用途的不同，新能源汽车主要分为新能源乘用车和新能源商用车；根据车型的不同，新能源汽车包括纯电动汽车、混合动力汽车、燃料电池电动汽车等（见图 1－4）。

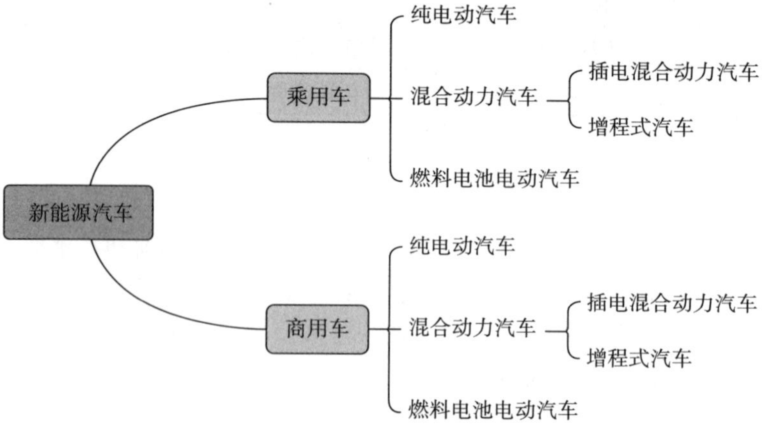

图 1－4　新能源汽车分类图

三、新能源汽车的下游行业

新能源汽车的下游行业主要有三块：为新能源汽车提供电力能源的充电设施、废旧电池的回收和售后的线下服务。

充电设施主要包括交流充电桩、充电站、电池更换站三种类型（见表 1－2）。交流充电桩是一种利用标准充电接口，采用传导方式为具有车载充电机的电动汽车提供电能的专用装置，其体积小，安装使用方便，价格便宜，对电池寿命影响小，但充满电需 6～8 个小时，影响车辆使用效率。充电站一般由 3 台及以上电动汽车充电设备组成，可为商用车、乘用车、电动客车和工程车等各种车辆提供快充和慢充等不同形式的整车充电服务。充电站的优点是可缩短充电时间，常规充电时间为 3～4 个小时，快速充电时间为 20 分钟至 2 小时，缺点是占地面积大，同时直流快速充电会大大缩短电池的寿命。电池更换站是指采用电池更换方式为电动汽车提供电能补给的场所，可分为充换电和集中充电统一配送两种模式。电池更换方式的主要优点是更换速度快、效率高，对标准电池箱进行集中有序充电，可以对电网负荷起到良好的削峰填谷的作用。

表 1-2　新能源充电设备分类表

充电设施类型	适用车辆	优　点	缺　点
交流充电桩	小型纯电动汽车	体积小,安装使用方便	充电时间长
	可外接充电式混合动力汽车	价格便宜	影响车辆使用效率
		对电池寿命影响小	
充电站	商用车	充电快,适用车辆范围广	占地面积大,对电池影响大
	乘用车		
	电动客车		
	工程车		
电池更换站	各种车辆	效率高	成本高

关于废旧电池的回收,在动力电池报废后除了化学活性下降之外,电池内部的化学成分并没有发生改变,只是其充放电性能不能满足车辆的动力需求,但是其可以运用到比汽车电能要求更低的地方,如路灯、低速电动车,最后再进入回收体系。

四、发展新能源汽车行业的意义

(一)优化能源结构

我国石油储量占世界总量的 2%,人均占有量仅为世界平均水平的十分之一。1993 年我国成为原油净进口国,2002 年已经成为世界第二大石油消费国、第七大石油进口国。相关数据显示,1995 年之后的十年,随着经济飞速发展,我国对进口石油的依存度也基本呈逐年递增的趋势。我国在经济发展的同时,提出能源发展要降低对国际石油的依赖,是出于对石油安全的考虑。作为世界第二大的油、气消耗大国,我国 70%的石油靠进口,任何一个通道受阻都会对石油进口产生影响,所以在拓宽石油输入渠道的同时,我们还要降低石油依赖程度,主要方法为开源节流,一方面寻找其他替代能源,另一方面降低消耗。自 2018 年以来,我国每年消耗的近 6 亿吨石油中,汽车消耗占据约 50%,因此发展新能源汽车,降低石油消耗,从而降低石油依赖程度,优化能源结构势在必行。

(二)促进汽车产业发展

我国汽车行业现在已经取得了长足的进步,产销量已连续多年位居世界第一,中国品牌汽车占据了最大的市场份额,但我国汽车行业主要的核心技术还有待发展。

在新能源汽车的“三电”系统中，我国企业已经取得了较好的成就，如比亚迪股份有限公司（以下简称“比亚迪”）、宁德时代新能源科技股份有限公司（以下简称“宁德时代”）、湖南科力远新能源股份有限公司等都是其中的杰出代表。从汽车行业发展的角度来看，发展新能源汽车，可以让中国企业与欧美的先进企业站到同一条起跑线上，并且有机会实现弯道超车，所以，这是中国新能源汽车行业发展的必由之路。

（三）改善生态环境

从能源消耗的角度来看，新能源汽车的能源消耗量低于燃油汽车。所有的新能源汽车都可以实现能源回收，但普通燃油车是没有这个功能的。从某个程度上说，新能源汽车可以实现零排放，虽然发电也要费煤、费气，但从某个角度来看，新能源汽车是实现了零排放的。从国家能源安全、产业结构升级和环境保护等三个角度来说，发展新能源汽车的优点颇多。

第二章　新能源汽车企业融资方式研究

新能源汽车企业融资方式与其所在的社会制度、经济体制、资本市场成熟度有着极为密切的关系。随着经济的快速发展、技术的不断进步、模式的不断创新，企业融资方式日渐增多，主要分为债务性融资和权益性融资，前者包括银行贷款、发行债券、应付票据和应付账款等，后者主要指股票融资。债务性融资构成负债，企业要按期偿还约定的本息，债权人一般不参与企业的经营决策，对资金的运用也没有决策权。权益性融资构成企业的自有资金，投资者有权参与企业的经营决策，有权获得企业的红利，但无权撤退资金。此外，政府补助对新能源汽车企业的发展亦有着重要作用。

一、企业融资方式

(一)企业内源融资

企业内源融资即现在流行的股权激励，其制度的制定、方案的落实及执行在调动员工的积极性等方面起到了重要作用。企业内源融资是企业经营活动所产生的内部融通的资金，主要由留存收益及折旧构成，相对外部融资，其融资成本、财务风险较低，是企业首选的筹资方式，但目前操作成功，进入良性循环的还是少数，失败者居多。根据统计数据，我国工商登记注册的企业数量达千万家以上，但大多“体弱多病”“寿命短暂”。Sahlman(1990)在委托代理理论的基础上，研究中小企业在各个时期的资本运作，发现其中17家企业信息不透明，同时企业主要任务为技术研发及建立相应的规章制度，其成果为无形资产，无法获得大量的抵押贷款，因此内部融资是其首选。Himmelberg(1994)通过研究179家中小科技企业的面板数据，发现企业现金流好坏决定了企业研发创新绩效。

股权激励是从企业的长足发展以及员工的稳定性角度考虑而制定的一项方案。股权激励对公司的长足发展起到积极促进作用的同时，其在方案及流程文件等各方面没有直接的法律法规和规范性文件的指引，就不可避免地存在着不规范、容易引起争议的风险，公司还普遍面临着成长性的挑战。员工持股必然存在着对公司的美好期待，能否满足员工预期是每个企业面临的挑战。

（二）企业股权融资

企业股权融资是企业以出让股份的方式向股东筹集资金以支持企业发展及新项目开展，其中包括首次公开发行股份、分配股份及非上市公司的增发股份等。企业出让股份而获取资金的方式使企业减轻了财务负担，降低了财务风险，因其无须还本付息，所以企业不存在因无法偿付本金和支付利息从而引发企业经营困境甚至导致破产的财务风险。因为股权融资中股东承担的风险要比债权人大很多，所以股东预期及要求的回报率必然高于债权人。股权融资中股东的股利分配是在税后利润中进行的，不能进行税项抵扣，因而一定程度上抬高了企业的融资成本。此外，随着新股东的进入，原大股东对企业的控制权会逐渐削弱。

Carpenter 和 Petersen(2002)认为，成熟的股权交易市场是高新技术企业取得成功的重要因素，股权融资是创新投入的资金主题。

（三）企业债务融资

企业的债务融资方式多样，如银行授信、担保、抵押、信用贷款、发债、借债等，融资对象也很多元化，包括银行、证券公司、个人等。总之，债务融资就是各种形式的拆借，让企业背负一定的债务，到期还本付息的融资方式。相较于股权融资，债务融资则不会面临控制权被削弱的问题，同时融资成本较低，当企业的净资产利润率超过了债务的融资成本时，债务融资使企业充分利用了财务杠杆，提高了企业的净资产收益率。债务融资到期还本付息不同于股东之间的利润共享、亏损共担，必然会使得企业承担较大的财务风险，其对企业所有者、经营者来说限制条件及约束性更强，使二者财务压力和风险同时提高。

二、政府补助

政府补助是政府推动经济发展的一种方式，对于资本市场相对较弱的国家而言，政府补助能够缩短企业成长时间、壮大企业。

（一）宏观政策层面

财政政策和货币政策对企业的融资方式产生着不同的影响。从财政政策层面上分析，当国家进行宏观调控时，采用扩张的财政政策时，会对企业融资产生非常明显的影响，同时，基础设施的投资等也为企业的发展提供了良好的经济背景；反之，当国家采取紧缩的财政政策时，就会出现反向的影响。

货币政策也是我国进行宏观调控的重要工具，主要从货币渠道和融资渠道两个方面对企业的融资活动产生影响，尤其是在货币政策的调整阶段，资本市场受到刺激会引起波动。例如，当存贷款利率发生变化，企业的融资环境就会相应地变化，银行的货币储备也会发生变化，当银行货币储备处于减少状态时，企业融资就会出现比较紧张的局面。由此可见，政府推行的货币政策对企业融资方式及融资环境产生较为直接的影响。

（二）开发性金融支持

开发性金融是实现政府发展目标，弥补体制落后和市场失灵，维护国家经济金融安全，增强竞争力的一种金融形式。开发性金融是政策性金融的深化和发展。开发性金融机构一般为政府拥有、赋权经营，具有国家信用，体现政府意志，用建设制度和建设市场的方法实现政府的发展目标。开发性金融很早就开始在很多国家的经济舞台上扮演着重要的角色。2003 年，我国陈元首次提出“开发性金融”的概念，他认为开发性金融不同于商业金融，它是政策性金融的发展，有不同的发展目标和范围。国内对开发性金融理论的创新性研究，起因于开发性金融机构的改革探索和规模性实践总结。

不同学者通过对开发性金融理论的研究，对开发性金融的理论内涵给出了各自的定义。有学者认为，开发性金融是单一国家或国家联合体通过建立具有国家信用的金融机构（通常为银行），为特定需求者提供中长期信用，同时以建设市场和健全制度的方式加快经济发展，实现长期以及其他政府目标的一种金融形式。王永认为，开发性金融是介于政策性金融和商业之间的一种独立的金融形式，所谓开发性金融，是指具有政府特定赋权的法定金融机构，以市场化的动作方式和市场业绩为主，主动通过融资推动制度建设和市场建设，以实现政府特定经济和社会发展目标的资金融通方式。方聃认为，开发性金融是政策性金融的深化与发展。开发性金融主要任务仍然是建设社会瓶颈领域，但是规模与作用要远远大于政策性金融。开发性金融在对社会瓶颈领域提供强大的信贷支持、促进经济社会健康协调发展的同时，还在不断进行推进体制的完善、市场体系的健全和经济运行环境的改进，力求形成开发性金融的活动与市场建设、机制转变、体制改革之间的良性循环。

开发性金融发展至今，国内外学者都没能给它一个准确的定义。一般来说，开发性金融是实现政府发展目标，弥补体制落后和市场失灵，有助于维护国家经济金融安全、增强竞争力的一种金融形式。开发性金融一般为政府拥有、赋权经营，具有国家信用，体现着政府意志，把国家信用与市场原理特别是与资本市场原理有机结合起来，是政策性金融的深化和发展。

开发性金融是在政策性金融的基础上发展而来的，避免了“市场失灵”和“政府失灵”两种情况，有着良好的发展前景，也是未来政策性金融改革的必然趋势。开发性金融能够更有效地把政府与市场结合起来，发挥政府信用的杠杆作用，从而增强服务国家战略的主动性和作用力，企业可以根据自身经营状况来设定经营目标，根据市场环境合理高效地运用资金。

三、新能源汽车企业融资方式选择理论分析

(一)权衡理论

鉴于米勒-莫迪利安尼模型(以下简称“MM 模型”)的局限性，以 Mayers 为代表的学者在 MM 模型的基础上提出了权衡理论，其是关于公司资本结构的理论。公司通过权衡负债的利弊，从而决定债务融资与权益融资的比例。考虑负债的破产成本的现实情况，权衡理论指出企业负债的税盾效应，提升企业负债率可增加企业价值。随着负债率的上升，负债的边际利益逐渐下降，边际成本逐渐上升。企业为了实现价值最大化，必须权衡负债的利益与成本，从而选择合适的债务与权益融资比例。所以，企业融资时必须权衡考虑负债的税盾效应和风险成本。

新能源汽车行业作为国家战略新兴行业，具有技术门槛高、研发资金投入大、技术更新换代快的特征，相对于同等条件下的其他行业，其风险成本较大。由于新能源汽车企业处于成长期，存在巨大的资金缺口，因此新能源汽车企业的债务融资比率相对较高。

(二)优序融资理论

1984 年，美国金融学家迈尔斯与智利学者迈勒提出关于公司资本结构的理论，即优序融资理论。优序融资理论以信息不对称理论为基础，并考虑交易成本的存在。优序融资理论在 MM 理论模型的基础上，放宽了信息充分、完全的假设条件，认为企业内部经理人与外部投资者存在信息不对称的现象。企业经理人作为企业活动的执行者，更能了解企业的实际生产经营状况，并在此基础上判断企业预期收益和投资风险。而外部投资者只能间接通过企业经理人传递出来的信息估计

企业是否具有投资价值。外部投资者往往将企业的财务杠杆视为一个重要的信息。企业债务比率上升,表明企业管理者对企业盈利状况预期较好,风险较小。所以在信息不对称条件下,企业经理人的激励制度、企业债务融资比例的上升,能够增强投资者信心,企业市场价值便随之提升。

优序融资理论指出,最佳融资顺序是先内源融资,其次是债务融资,最后才是股权融资。新能源汽车企业所拥有的核心技术是其生存的根本,即使上市公司有义务向投资者披露企业活动,企业往往不会将核心技术第一时间公布。在企业技术研发取得突破时,企业所有者为获得更高的收益,会优先考虑内源融资。

现阶段,由于我国股权交易市场监管的不够完善,违法成本相对较低,因此大股东侵占小股东利益的事件时有发生,大股东存在大量的隐性收益,使股权融资的成本往往会低于债务融资成本,所以企业大多优先选择股权融资。对于现阶段的新能源汽车企业,在内源融资无法满足需求的情况下,企业大多优先选择债务融资。原因在于:其一,我国股权交易市场为了保护投资者,采取审核制,处于成长期的新能源汽车企业往往难进入主板;其二,中央政府大力提倡建立环保节能的产业,新能源汽车企业能在地方政府的支持下,以较低的成本在银行或其他金融机构获取贷款。综上,新能源汽车企业的优序融资顺序为内源融资、债务融资、股权融资。

(三)控制权理论

公司控制权是所有权的体现和实现形式,即公司的基本结构决定了公司控制权。随着企业经营过程中资本结构的改变,控制权也随之发生变化,并对公司价值产生影响。企业在股权交易市场融资时,企业控制权为股东所有;企业债务融资时,企业控制权为企业家所有。企业控制权的转移以实现公司价值最大化为根本目的,同时企业所有者依靠控制权从企业活动中获取利益。

新能源行业是高科技行业,在我国现阶段,高科技上市公司控制权普遍存在着如下问题:①流通股比例过大,企业较大的资金需求及大股东出于对分散风险的考虑,使得企业股权融资比例较高;②企业决策权过度集中,因为行业的高风险性,虽然流通股比例大,但第一股东也往往是初创者及技术人员,对企业拥有相当大的决策权;③信息不对称,高新技术企业的发起人一般为企业的核心技术人员,其拥有专利等企业无形资产,同时参与企业管理,容易忽视外部投资者的利益。对于高新企业,风险投资者的主要目的是获取投资回报,使拥有核心技术的初创人员更有效地发挥专业优势,因此往往会尽可能保留创始人的控制权。

(四)代理成本理论

代理成本理论是由 Jensen 和 Meckling(1976)提出的,是通过研究代理成本与资本结构的关系而形成的。代理成本理论指出，公司债务的违约成本是财务杠杆系数的增函数，随着公司债务成本的增加，债权人的监督成本提升，债权人会要求更高的利率，这种代理成本最终由股东承担，公司资本结构中债务比率过高会导致股东价值降低。由于经理人不是企业的所有者，经理人与所有者的目标不一致，为了防止因信息不对称导致所有者的利益受损，所有者会通过与经理人签订契约合同，约束经理人的行为，使其与所有者的利益最大限度地保持一致，所有者同时也要为约束经理人的行为付出一定的成本，即代理成本。企业的融资结构影响代理关系，在降低企业代理成本的基础上构建最优的融资，才能实现企业价值最大化。根据代理成本理论，债务资本适度的资本结构会增加股东的价值。上述结构的代理成本仅限于债务的代理成本。除此之外，还有一些代理成本涉及公司的雇员、消费者和社会等，在资本结构的决策中也应该予以考虑。

新能源汽车企业因其高额的投资更关注其代理问题，企业的资金需求和政府的政策扶持，使其融资渠道和可利用的融资工具相对较多，容易出现经理人为了最新的技术，去投资过于激进的项目，从而导致企业利益受损的现象。

（五）小结

MM 理论强调市场充分有效运行，企业的融资活动成本为零，不同融资渠道相互独立，与现实差异较大。修正后的 MM 理论考虑负债的税盾效应，企业价值与企业负债呈正相关，因而企业最佳的融资结构是尽可能多的负债。随着负债的上升，破产成本、企业财务风险陡增，故企业财务杠杆不能无限放大，需要权衡两者之间的关系才能实现企业价值的最大化。企业经理人从自身利益着想，从工资外获取企业额外利益，形成代理成本。研究表明，在企业融资总额不变的情况下，适当增大负债比率，降低外部持股比率，可缓解企业经理人与股东之间的利益冲突。

企业经理人在关注企业现金流的同时，也关注自身利益，有意识地增加企业财务杠杆。财务杠杆改变了企业的融资结构，增加了企业利益分配难度，也导致企业剩余控制权在债权人与股东之间的变更。通常契约能够有效化解两者之间的矛盾，但现实中契约不能完全包含可能出现的各种情况。

从理论上分析，企业债务融资成本比股权融资成本低。企业融资途径的选择不是唯一的，其与企业发展周期、金融市场的发展程度有较大的关联性。内源融资、股权融资、债权融资各有优缺点，适用于企业发展的不同阶段。由权衡理论及优序融资理论可知，对于新能源企业，在内源融资有限且税盾效应并不明显的情况下，债务融资仍是首选。在企业发展到一定规模并建立起完善的管理制度后，企业可以通过股权交易获得资金，实现企业控制权的转移。

第三章　国内外新能源汽车行业发展现状

一、国外新能源汽车行业发展总体分析

(一)国外新能源汽车行业发展现状

近些年来,美国、日本、德国等世界主要汽车强国都将发展新能源汽车上升到国家战略的高度,积极开发和应用以动力电池为核心的汽车电动化技术,加快推进电动汽车产业化。全球新能源汽车市场规模日益扩大,且以乘用车为主体。随着电池成本下降、性价比提升,消费终端认可,配套设施完善,全球新能源乘用车市场销量快速增长。

回顾 2019 年,全球新能源汽车市场以中国、欧洲、美国市场为主。在 2019 年全球主要新能源市场中,中国新能源汽车销量为 120 万辆,是当之无愧的新能源汽车大国,在全球销量占比达 60%。而其余份额则被其他地区的市场瓜分,其中欧洲为 56.4 万辆、美国为 32.5 万辆、加拿大为 5.1 万辆、日本为 4.4 万辆、韩国为 3.4 万辆。但自从 2019 年下半年新能源汽车补贴退坡,我国新能源汽车的销量就开始出现下滑,至 2020 年 3 月,新能源汽车已经连续九连降。影响新能源汽车销量的两大要素:一是国六标准的切换引发国五车型的恐慌性抛售;二是补贴退坡及较长的过渡期导致企业成本调节失控,且 2020 年新能源汽车的销量受到了新冠肺炎疫情的影响。

虽然新冠肺炎疫情重创了多国经济,但新能源汽车板块在全球资本市场爆发、备受追捧。新一代信息技术创新应用正引领新一轮科技革命和产业变革。当前,全球汽车产业正处于转型升级的关键时期,电动化、智能化、共享化成为转型升级融合发展的大方向。2019 年及 2020 年车型丰富度提升明显,以特斯拉公司(以下简称“特斯拉”)、大众汽车集团(以下简称“大众”)、宝马汽车公司(以下简称“宝马”)、奔驰汽车公司(以下简称“奔驰”)为代表的传统车企,新增车型提升明显,2020 年持续投放市场。以 2019 年为例,新能源汽车企业市场占有率

见表 3 - 1 所列。

表 3 - 1　2019 年新能源汽车企业市场占有率表

车　企	欧洲市场占有率/%		北美市场占有率/%		日韩市场占有率/%		新车重点投放市场
	燃油车	新能源	燃油车	新能源	燃油车	新能源	
大众汽车集团	21	10	4	3	2	0	欧洲、中国
特斯拉公司	0	20	0	55	0	0	北美、中国、欧洲
雷诺汽车公司-日产	16	20	9	5	10	33	欧洲、日韩
现代起亚汽车集团	7	12	8	3	18	38	欧洲、日韩
宝马汽车公司	5	15	2	4	2	1	欧洲、中国
戴姆勒股份公司	6	5	3	2	3	3	欧洲、中国
美国福特汽车公司	7	0	114	3	0	0	北美、欧洲
丰田汽车公司	5	0	13	6	33	12	日韩、北美
法国标致雪铁龙集团	15	1	0	0	0	0	欧洲
通用汽车公司	1	0	16	9	0	4	北美、中国
菲亚特汽车公司	6	0	12	2	0	0	北美、欧洲

2020 年 6 月，全球新能源乘用车销量达 22.99 万辆，环比上涨 59.0%，同比下降 13.1%，但下滑幅度有所收窄。2020 年 1—6 月，全球新能源乘用车累计销量为 94.71 万辆。据 Markline 统计，2020 年 1—9 月全球新能源乘用车销量为 155.9 万辆，其中中国、美国、欧盟、日本、其他国家分别销售 60.2 万辆、21.2 万辆、60.1 万辆、1.5 万辆、12.9 万辆，分别占比 38.6%、13.6%、38.5%、1.0%、8.3%。2020 年 1—9 月欧盟地区市场份额剧增，从 2019 年的 21.9%直接提升到 2020 年 1—9 月的 38.5%，市场份额与中国不相上下。中国的市场份额从 2018 年的 50.2%下滑到 2019 年的 48.8%、2020 年 1—9 月的 38.6%，先发优势在缩小。

从新能源汽车市场分布来看，全球新能源汽车销售主要集中在中国市场，2019 年中国新能源汽车销量为 120.6 万辆，占同期全球新能源汽车总销量的 57.38%（见图 3 - 1）；美国市场新能源汽车销量占比为 15.54%；德国市场销量占比为 5.17%。

入围世界品牌前 100 强的特斯拉将其欧洲销售市场划分为四个具有代表性的国家：挪威、法国、德国、英国。2017—2019 年，特斯拉在挪威的市场占有率分别为 14%、12%、27%，市场占有率提升明显（见表 3 - 2），这主要受益于 Model 3 车型的销量提升，Model 3 从 2017 年销量占比的 0%增加到 2019 年的 22%（见表 3 - 3）。从表 3 - 2 还可知，2019 年传统车企如大众、宝马在挪威市场的占比位居第二、第三，相比 2018 年，占比均有所下滑。

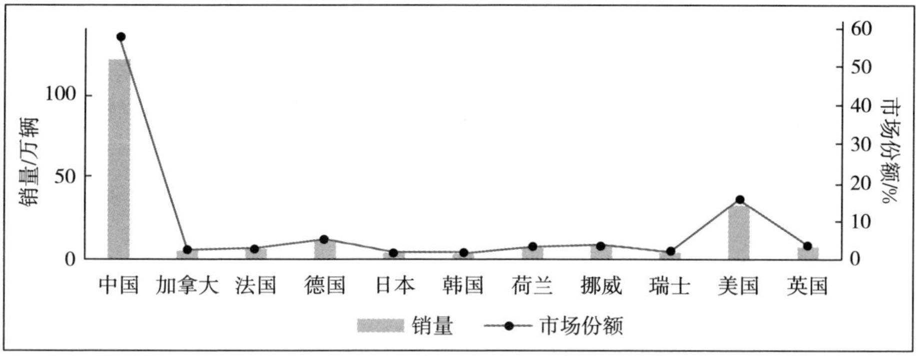

图 3-1　2019 年新能源汽车销量市场分布图

表 3-2　2017—2019 年挪威新能源汽车车企销量占比表　（单位：%）

车　企	年　份		
	2017 年	2018 年	2019 年
特斯拉公司	14	12	27
大众汽车集团	21	15	14
宝马汽车公司	15	13	10
日产汽车	6	17	9
现代汽车公司	4	5	9
沃尔沃集团	8	10	8
奥迪汽车公司	5	3	7
雷诺汽车公司	4	4	3
现代起亚汽车集团	5	4	3
其他	18	17	10

表 3-3　2017—2019 年挪威新能源汽车车型销量占比表　（单位：%）

车　型	年　份		
	2017 年	2018 年	2019 年
Model 3	0	0	22
Golf	15	11	13
Leaf	5	17	8
Audi e-tron	0	0	7
BMW i3	8	8	7

（续表）

车 型	年 份		
	2017 年	2018 年	2019 年
Kona	0	1	5
Loniq	4	4	5
I - Pace	0	1	4
ZOE	4	4	3
XC60	2	5	3
其他	62	49	23

2017—2019 年，特斯拉在法国的市场占有率分别为 3%、2%、12%，市场占有率提升明显(见表 3 - 4)。表 3 - 5 为 2017—2019 年法国新能源汽车车型销量占比情况。

表 3 - 4　2017—2019 年法国新能源汽车车企销量占比表　（单位：%）

车 企	年 份		
	2017 年	2018 年	2019 年
雷诺汽车公司	44	42	35
特斯拉公司	3	2	12
日产汽车	7	10	7
宝马汽车公司	9	8	6
现代起亚汽车集团	2	3	6
沃尔沃集团	2	4	6
三菱集团	1	2	5
现代汽车公司	4	3	4
路虎汽车集团	0	1	3
其他	28	25	16

表 3 - 5　2017—2019 年法国新能源汽车车型销量占比表　（单位：%）

车 型	年 份		
	2017 年	2018 年	2019 年
ZOE	37	34	30
Model 3	0	0	10
Leaf	6	9	6

（续表）

车　型	年　份		
	2017 年	2018 年	2019 年
Kangoo	6	8	5
Outlander	1	2	5
NIRO	0	1	5
BMW i3	5	5	4
XC60	1	3	3
Countryman	1	3	3
Kona	0	1	3
其他	43	34	26

2017—2019 年，特斯拉在德国的市场占有率分别为 6%、3%、13%，市场占有率提升明显（见表 3 - 6）。表 3 - 7 为 2017—2019 年德国新能源汽车车型销量占比情况。

表 3 - 6　2017—2019 年德国新能源汽车车企销量占比表　（单位：%）

车　企	年　份		
	2017 年	2018 年	2019 年
宝马汽车公司	18	21	21
特斯拉公司	6	3	13
雷诺汽车公司	8	9	11
现代汽车公司	5	7	8
三菱集团	4	3	8
大众集团	14	16	8
奥迪汽车公司	9	4	6
奔驰汽车公司	9	9	5
现代起亚汽车集团	13	7	5
其他	14	21	15

表 3 - 7　2017—2019 年德国新能源汽车车型销量占比表　（单位：%）

车　型	年　份		
	2017 年	2018 年	2019 年
ZOE	8	9	11
BMW i3	8	7	11

（续表）

车　型	年　份		
	2017 年	2018 年	2019 年
Model 3	0	0	11
Outlander	4	3	8
Golf	9	11	6
2 Series	6	7	4
Audi e－tron	0	0	4
Loniq	5	7	4
Fortwo	5	6	4
Kona	0	0	4
其他	55	50	33

从车企来看，2010 年以来，特斯拉成为全球市场最受欢迎的纯电动车型之一，近年来热度依旧不减。2018 年，特斯拉累计销量达 24.52 万辆，超过比亚迪，排在全球首位；比亚迪受国内补贴减少的影响，2018 年全年累计销量不及特斯拉，以 22.74 万辆排在第二位；北京新能源汽车股份有限公司、宝马全年销量也超过 10 万辆，分列第三、第四位。

随着新能源汽车市场回暖，全球动力电池出货量不断增长，2019 年，全球动力电池装机量约 115.21 吉瓦·时，同比增长 22%。2020 年前三季度，动力电池装机量约 77.78 吉瓦·时，同比下降 1.7%（见图 3－2）。未来全球锂离子电池市场规模将不断扩大。许多发达国家把新能源汽车列为主要攻克的目标，美国支持多个国家实验室和企业一起承担车用锂离子电池的开发工作，欧盟则制订了高比能量蓄电池的发展计划，日本在锂离子电池领域具有垄断地位，索尼、松下等著名公司都建有大规模锂离子电池生产厂。

（二）国外新能源汽车行业发展优惠政策

由于新能源汽车暂时还不具备成本优势，因此其前期发展离不开国家的财税补贴政策支持。从全球范围来看，各国在购车、使用以及基础设施等方面均进行了较大力度的财税政策支持。

如今，全球多国正在逐渐淘汰燃油车，以更加清洁的电动或混合动力汽车取代燃油车，部分国家禁售燃油车时间和主要优惠政策见表 3－8 所列。发达国家的汽车市场普遍趋于稳定成熟，新能源车作为刺激汽车市场再次繁荣的一次机会，成为各国探索与尝试的新方向。各国采用的政策支持有直接补贴、税费减免、停车优惠等，其中主要为现金补贴。例如，美国对购买新能源汽车的消费者直接给予现金补贴，日本和挪威直接给予税收优惠，欧盟和韩国等给予现金补贴和税收优惠的双重政策。可以预测在未来一段时间内，全球范围对于新能源汽车的鼓励政策将继续推行。

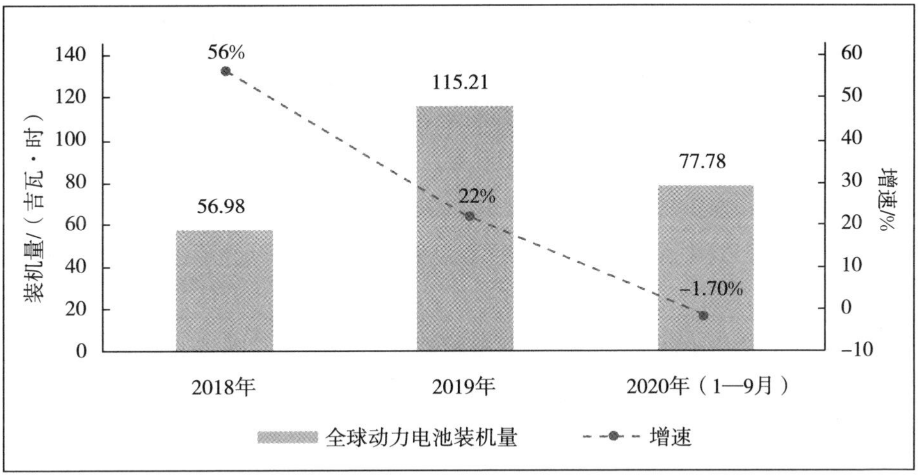

图 3-2　2018 年至 2020 年(1—9 月)全球动力电池装机量图

表 3-8　部分国家禁售燃油车时间和主要优惠政策表

国　家	禁售燃油车时间	主要优惠政策
美国	加利福尼亚州于 2040 年（其余州未明确时间）	直接给予 7500 美元补贴，同时各州政府还可自行实施交叉补贴
日本	2050 年	享受税费减半政策，并给予与同级别传统车差价 50%的优惠补贴
德国	2030 年	购买纯电动汽车的消费者将获得 4000 欧元补贴，购买油电混合动力汽车可获 3000 欧元补贴
法国	2040 年	享受 6300 欧元的补贴
英国	2040 年	规定英国消费者购买 CO_2 排放量小于 75 克/千米的电动货车，最高可以获得 8000 英镑的购车补贴
挪威	2025 年	对前 5 万辆新能源汽车免除道路税和购置税，消费者购买新能源汽车所需缴纳税款比购买同价格的普通汽车减少 50%以上
韩国	—	购买一辆纯电动汽车，各级政府补贴更是最高可达 2300 万韩元，此外消费者还将享受 420 万韩元的税收减免优惠

2017 年，工业和信息化部制定了旨在通过建立积分交易机制，形成促进节能与新能源汽车协调发展的市场化机制的《乘用车企业平均燃料消耗量与新能源汽车积分并行管理办法》(通常被称作“双积分政策”)。2020 年 6 月，工信部对双积分政策进行了修订，以有利于更好地推进新能源汽车行业的发展。从全球视野出发，了解全球汽车排放的相关政策法规，对分析本次国内双积分政策修订的重点和影响，预测国内未来新能源汽车产业发展趋势有一定的参考和借鉴意义。表 3－9 为其他国家相关的政策法规对我国的启示，表 3－10 为我国双积分政策修订的主要内容及影响。

表 3－9　其他国家相关的政策法规对我国的启示表

政策法规	美国：加州 ZEV 法案和联邦 CAFÉ 标准	欧洲：最严格碳排放考核目标	其他国家新能源产业支持政策
启示	学习 ZEV 法案中新能源汽车积分和交易制度，制定中国 NEV 积分和交易制度	借鉴欧洲碳排放考核目标，制定中国中长期碳排放目标	借鉴日本燃料电池车的曲折发展和日本对 WLTC 的修改建立的 JC08 标准
	参考 CAFÉ 标准的油耗积分计算方法和交易制度，制定中国 CAFC 标准	中国采用欧洲测试工况标准，2021 年前为 NEDC，2021 年起更改为 WLTC	学习日韩等国新能源产业链(锂电池等)产业发展历程和支持政策

表 3－10　我国双积分政策修订的主要内容及影响表

修订的主要内容	影响和未来趋势
CAFC 积分：2021 年后燃油目标值大幅降低；NEV 车不参与企业燃油实际值计算；测试工况采用 WLTC	传统车企达标压力加大，节能减排和转型电动汽车需双管齐下；NEV 汽车产销中长期利好；积分价值提高，新能源车企将受益
NEV 积分：2021—2023 年 NEV 积分比例提高至 14%、16%、18%；单车分值减少；新增 BEV 汽车电耗考核(EC 系数)	测算显示中性条件下 2021—2023 年双积分抵扣所需新能源乘用车为 216 万辆、265 万辆和 325 万辆
结算制度：新增 NEV 正积分向后结转制度	未来趋势：油耗目标继续加严；2023 年后积分比例继续提高；出台中国燃油车测试标准

二、国内新能源汽车行业发展总体分析

(一)国内新能源汽车行业发展现状

2020 年是我国新能源汽车行业发展的第 12 年，2020 年上半年，受补贴下降和

新冠肺炎疫情的双重影响，新能源汽车销量增速下滑明显，截至 2020 年 6 月，我国新能源汽车保有量为 417 万辆，与上年年底相比增加 36 万辆，增长 9.45%。

2014 年以来，我国新能源汽车销量保持快速增长，2019 年补贴退坡致短期承压。从年度数据来看，我国新能源汽车销量从 2014 年开始快速增长，2018 年达 124.8 万辆，2019 年首次出现小幅下滑，但 2014—2019 年的复合年增长率仍高达 74.4%。2020 年 1—7 月新能源汽车累计销量为 48.6 万辆，同比下滑 32.8%。从月度数据来看，2019 年过渡期内新能源汽车销量仍维持较快增长，过渡期后补贴退坡幅度较大，新能源汽车销量连续 12 个月出现同比下滑。2020 年 7 月，我国新能源汽车销量为 9.8 万辆，同比增长 19.3%，在同期相对较低的基数下首次恢复同比正增长。2014 年至 2020 年(1—6 月)我国新能源汽车保有量走势图如图 3 - 3 所示，2016 年至 2020 年(1—7 月)我国新能源汽车销量图如图 3 - 4 所示。

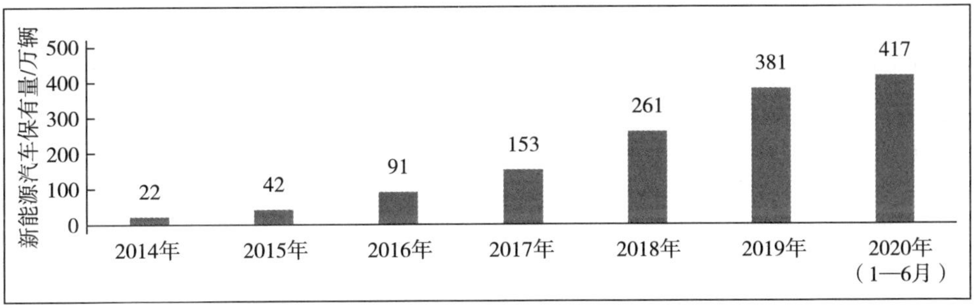

图 3 - 3　2014 年至 2020 年(1—6 月)我国新能源汽车保有量走势图

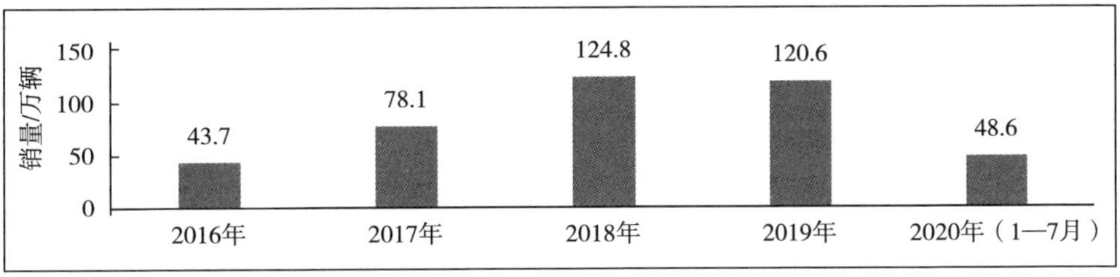

图 3 - 4　2016 年至 2020 年(1—7 月)我国新能源汽车销量图

2019 年，新能源汽车受补贴退坡影响，月度销量呈现大幅波动的现象(见图 3 - 5)。2019 年，新能源汽车生产约 124.3 万辆，销售约 120.7 万辆，同比分别下降 2.3%和 4.0%。其中，纯电动汽车生产 102 万辆，同比增长 3.4%，销售 97.2 万辆，同比下降 1.2%；插电混合动力汽车生产 22 万辆，销售 23.2 万辆，同比分别下降 22.5%和 14.5%；燃料电池汽车生产 2833 辆，销售 2737 辆，同比分别增长 85.5%和 79.2%。

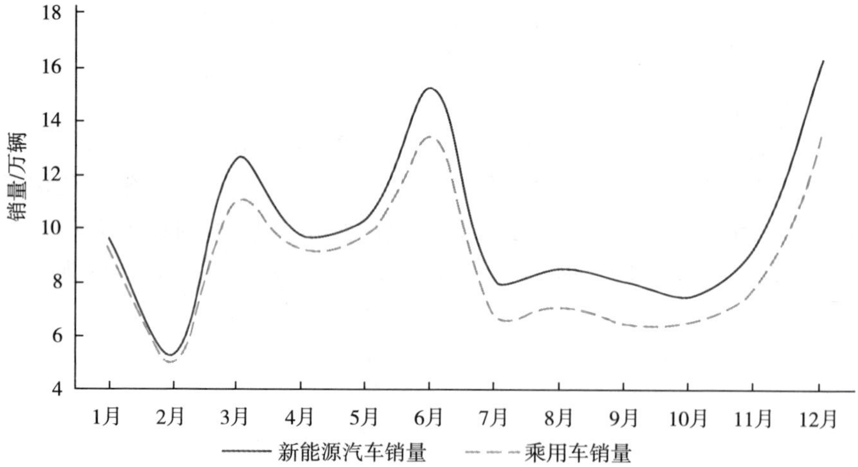

图 3-5 2019 年我国新能源汽车及乘用车销量趋势图

据乘用车市场信息联席会报告，2019 年新能源乘用车车累计销量约为 106.08 万辆，同比增长 4.33%(见表 3-11)。其中纯电动车型中 A 级车销量约为 46.41 万辆，累计同比增长 86%；A0 级车销量约为 12.60 万辆，同比增长 2%；A00 级车销量约为 23.22 万辆。在插电混动车型中，A0 级破历年来零销量纪录，实现销售 0.2 万辆，其中主要原因如下：其一，消费者需求升级；其二，补贴政策倾向于续航里程更高车型。

表 3-11 新能源乘用车不同车型销量表

车　型		2019 年	累计同比增长	2018 年	2017 年	2016 年	2015 年
纯电动车型/万辆	A00	23.22	-37%	37.12	3.80	11.14	7.13
	A0	12.60	2%	12.39	3.05	4.37	2.71
	A	46.41	86%	24.90	10.46	9.59	1.17
	B	2.19	791%	0.25	0.48	0.24	0.31
	C	0.93	-28%	1.30	0.0055	0.0056	0
纯电动车型合计/万辆		85.35	12%	75.96	44.81	25.35	11.33
插电混动车型/万辆	A0	0.20	—	0	0	0	0
	A	11.00	-39%	18.06	8.83	4.07	4.26
	B	6.63	10%	6.03	1.91	3.92	2.01
	C	2.90	80%	1.61	0.0003	0.04	0.08

（续表）

车　型	2019 年	累计同比增长	2018 年	2017 年	2016 年	2015 年
插电混动车型合计/万辆	20.73	－19％	25.71	10.75	8.04	6.36
合计/万辆	106.08	4.33％	101.67	55.55	33.39	17.68

2019 年第一季度新能源汽车补贴政策延续 2018 年的政策，因此 2019 年第一季度的新能源汽车和电池需求量大，2019 年 1 月和 6 月的新能源汽车产量和电池需求都达到了较高的水平。由表 3－12 可知，2019 年 1—6 月，电池需求总体上呈较好的增长态势，个别月份有所下降，2019 年 8 月后的一段时间内电池需求量较小，12 月电池产量低于 2017 年、2018 年同期水平。

表 3－12　2016—2019 年新能源汽车装机电池数据表　（单位：吉・瓦时）

	1 月	2 月	3 月	4 月	5 月	6 月	7 月	8 月	9 月	10 月	11 月	12 月
2016 年	0.54	0.34	0.97	1.66	1.46	1.94	1.27	1.67	2.21	1.87	5.62	8.13
2017 年	0.11	0.22	0.93	0.91	0.12	2.15	2.58	2.89	3.41	2.90	6.95	11.54
2018 年	1.28	1.05	2.11	3.77	4.64	2.90	3.40	4.17	5.96	6.64	9.15	13.59
2019 年	5.03	2.28	5.17	5.48	5.73	6.70	4.74	2.57	3.99	4.10	6.32	9.66

2019 年，我国动力电池装机量超过 60 吉瓦・时，同比增长 9.2％。其中，宁德时代装机量高达 31.71 吉瓦・时，占全年动力电池装机量的 51％，独占鳌头。2019 年，我国动力电池装机量排名前十的企业有宁德时代、比亚迪、合肥国轩高科动力能源有限公司（以下简称“国轩高科”）、天津力神电池股份有限公司（以下简称“天津力神”）、惠州亿纬锂能股份有限公司（以下简称“亿纬锂能”）、中航锂电科技有限公司（以下简称“中航锂电”）、孚能科技股份有限公司（以下简称“孚能科技”）、时代上汽动力电池有限公司（以下简称“时代上汽”）、比克电池有限公司（以下简称“比克”）、欣旺达电子股份有限公司（以下简称“欣旺达”）（见图 3－6）。其中，前三家企业累计出货量占比 73.6％，集中度惊人。从前十位企业配套动力电池种类看，绝大多数车企所用的动力电池是三元电池或磷酸铁锂电池。而从动力电池配套车企来看，除比亚迪是自产自销，其余电池企业都同时为多家车企提供动力电池。

截至 2019 年 12 月，全国充电基础设施累计数量为 12.9 万台，同比增长 50.8％，新能源汽车累计销量达到 420 万辆，车桩比达到 3.4：1。从车企随车配建充电设施运行情况看，截至 2019 年底，中国电动汽车充电基础设施促进联盟内成员单位总计上报公共充电桩约 51.6 万台，其中交流充电桩 30.1 万台、直流充电桩 21.5 万台、交直流一体充电桩 488 台。2019 年各月公共类充电设施保有量如图 3-7所示。

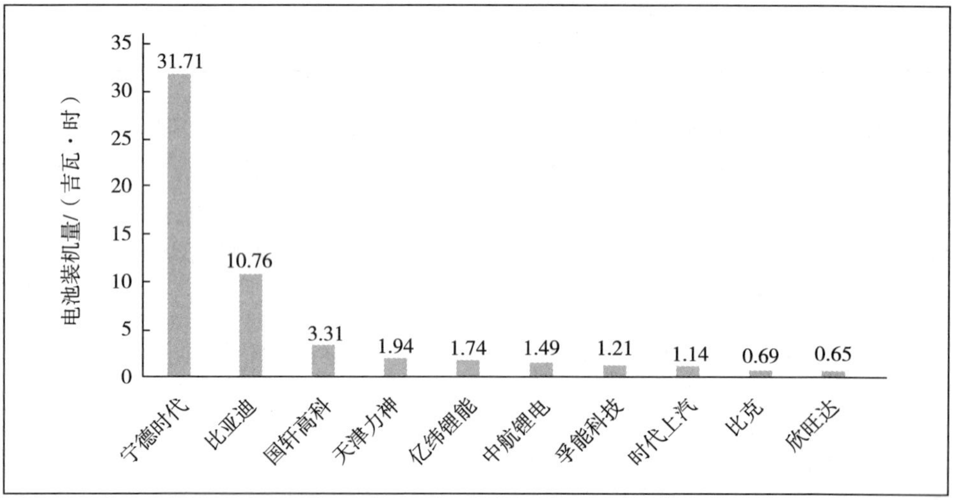

图 3-6　2019 年中国动力电池装机量排名前十位电池企业电池装机量图

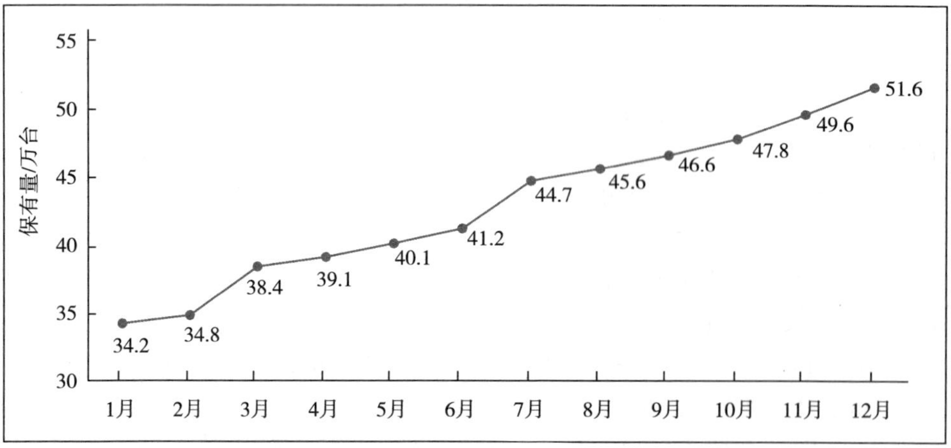

图 3-7　2019 年各月公共类充电设施保有量图

从装机量来看，2020 年 9 月，我国动力电池装机量约为 6.58 吉瓦·时，同比上升 66.4%，环比上升 28.3%，保持持续增长的态势（见图 3-8）。2020 年 1—9 月，我国动力电池装机量累计约 34.22 吉瓦·时，同比累计下降 18.8%，降幅进一步缩小。

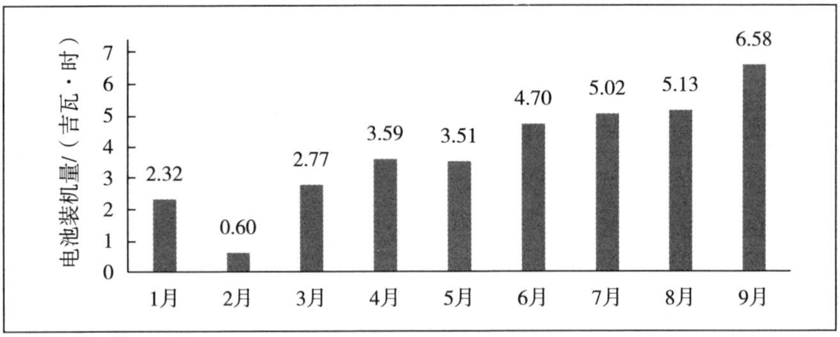

图 3-8　2020 年 1—9 月我国动力电池装机量数据统计图

细分产品来看，2020 年 9 月，三元电池共计装机 4.2 吉瓦·时，同比上升 45.1%，环比上升 20.0%；磷酸铁锂电池共计装机 2.3 吉瓦·时，同比上升 146.1%，环比上升 49.2%。2020 年 1—9 月，三元电池装机量累计 23.6 吉瓦·时，占总装机量的 68.97%，同比累计下降 18.7%；磷酸铁锂电池装机量累计 10.4 吉瓦·时，占总装机量的 30.39%，同比累计下降 13.3%（见图 3-9）。

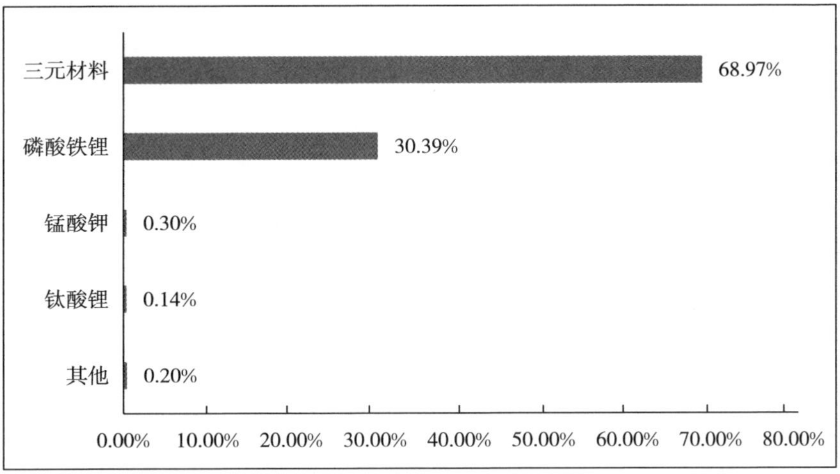

图 3-9　2020 年 1—9 月动力电池装机量分产品占比情况图

(二)国内推动新能源汽车行业发展政策

根据 2020 年国内补贴政策，原则上 2020—2022 年补贴标准分别在上一年基础上退坡 10%、20%、30%；同时为加快公共交通等领域汽车电动化进程，对城市公交、道路客运、出租（含网约车）、环卫、城市物流配送、邮政快递、民航机场以及党政机关公务领域符合要求的车辆，2020 年补贴标准不退坡，2021—2022 年补贴标准分别在上一年基础上退坡 10%、20%，新能源汽车补贴退坡力度和节奏趋缓。

2019 年，全国财政工作会议明确 2020 年将着力推进创新发展和产业升级，大力促进实体经济健康发展；推动产业转型升级，支持新能源汽车发展，研究建立与支持创新相适应的政府采购交易制度、成本管理和风险分担机制。表 3-13 为近十年全国财政工作会议涉及新能源汽车的关键政策内容梳理。

表 3-13 近十年全国财政工作会议涉及新能源汽车的关键政策内容梳理表

年　份	有关新能源汽车的关键政策内容	关键词
2019 年	着力推进创新发展和产业升级，大力促进实体经济健康发展；推动产业转型升级，支持新能源汽车发展，研究建立与支持创新相适应的政府采购交易制度、成本管理和风险分担机制	新能源汽车发展
2018 年	推动经济转型升级；聚焦突出短板和薄弱环节，大力支持制造业、民营经济和中小企业等发展，增强市场主体活力，提升经济创新力和竞争力	制造业发展
2017 年	深化供给侧结构性改革，支持制造业优化升级，促进新动能持续快速成长，继续推进“三去一降一补”	制造业改造升级
2016 年	贯彻推进供给侧结构性改革部署，推动解决供需结构性失衡；支持制造业改造升级，加快实施《中国制造 2025》，促进制造业重点领域加快发展	制造业改造升级
2015 年	着力推动供给侧结构性改革，促进发展动力顺利转换	无
2014 年	促进经济结构调整和发展方式转变；建立对新能源汽车的全方位支持推广机制	新能源汽车，全方位支持
2013 年	促进加快经济转型升级；大力支持科技创新，推进产业结构调整，推进新能源财税政策转型；鼓励推广新能源等节能产品	新能源汽车， 财税政策转型
2012 年	结合税制改革完善结构性减税政策，着力扩大国内需求，提高科技创新能力，加大节能减排和环境保护力度	节能减排
2011 年	加快转变经济发展方式；支持提高科技创新能力，加快推进节能减排和生态建设	节能减排
2010 年	着力促进经济结构调整和区域协调发展，加快转变经济发展方式	无

2019 年我国对发展新能源汽车的支持政策见表 3－14 所列。

表 3－14　2019 年我国对发展新能源汽车的支持政策表

单　位	会议/政策/文件	具体内容
财政部	全国财政工作会议	明确支持新能源汽车发展，列入 2020 年八项重点工作之一
工信部	《新能源汽车产业发展规划(2021—2035 年)》	2025 年，新能源汽车销量占当年汽车总销量的 20%
财政部等	2020 年新能源汽车补贴调整的相关通知	待定

根据 2019 年新能源汽车行业政策变化（见表 3－15），可总结扶持政策的变化趋势为以下四个方面：

(1)根据 2017 年补贴文件，2019 年原计划较 2017—2018 年退坡 20%，但实际退坡 50%左右，远超此前指引。

(2)公共充电设施电价或将从工商业用电变为民用电，财政补贴有望向运营端转移。公共充电设施一般执行工商业电价，变为民用电价可以降低 0.4～0.5 元/(千瓦・时)，使车主充电成本下降约 25%。运营领域的财政补贴也能够大幅降低充电运营企业的投资成本。

(3)公共领域用车在 2020—2022 年将迎来替换燃油车的关键节点。众多一、二线城市计划在 2020 年前完全或基本实现公共领域用车电动化。财政部等部门联合发布《关于进一步完善新能源汽车推广应用财政补贴政策的通知》，明确将新能源汽车推广应用财政补贴政策实施期限延长至 2022 年年底。

(4)新能源汽车在限购、限行方面的优势还可进一步扩大。限购方面，国家发改委已于 2019 年 6 月发文提出严禁各地出台新的汽车限购规定。限行方面，还可能会提出免费停车、可驶入公交专用道、建立零排放区等政策。

表 3－15　2019 年我国关于发展新能源汽车的部分政策内容表

发布时间	文　件	内　容
2019－12－25	《国务院关于财政生态环保资金分配和使用情况的报告》	安排节能减排专项资金 1024 亿元，用于重点支持推广应用新能源汽车，构建包括购置补贴、充电基础设施建设奖励、新能源公交车运营补助等在内的支持政策体系
2019－10－30	《产业结构调整指导目录(2019 年本)》	细化了条目内容，明确了指标参数；对新能源汽车电池提出了能量密度、循环寿命等参数要求

（续表）

发布时间	文　件	内　容
2019-10-20	《新能源汽车产业发展规划(2021—2035年)》	以“市场主导、创新驱动、协调推进、开放发展”为基本原则,力争经过十五年持续努力,使我国新能源汽车核心技术达到国际领先水平,纯电动汽车成为主流,燃料电池汽车实现商业化应用,公共领域用车全面电动化,高度自动驾驶智能网联汽车趋于普及,有效促进节能减排水平和社会运行效率提升
2019-6-28	《关于继续执行的车辆购置税优惠政策的公告》	免除新能源汽车购置税,不仅能够促进新能源汽车行业发展,还缓解了消费市场的一部分压力
2019-6-17	《关于开展新能源汽车安全隐患排查工作的通知》	促请各新能源汽车生产企业对本公司生产的新能源汽车开展安全隐患排查工作;重点对已售车辆、库存车辆的防水保护、高压线束、车辆碰撞、车载动力电池、车载充电装置、电池箱、机械部件和易损件开展安全隐患排查工作
2019-6-3	《推动重点消费品更新升级　畅通资源循环利用实施方案(2019—2020年)》	从市场供给、促进消费及基础设施保障等各个环节采取措施,以稳定汽车市场,避免出现断崖式下滑
2019-5-20	《绿色出行行动计划(2019—2022年)》	推进绿色车辆规模化应用;以实施新增、更新节能和新能源车辆为突破口,在城市公共交通、出租汽车、分时租赁、短途道路客运、旅游景区观光、机场港口摆渡、政府机关及公共机构等领域,进一步加大节能车辆和新能源车辆的推广应用力度
2019-5-8	《关于支持新能源公交车推广应用的通知》	根据规模效益和成本下降情况,调整完善新能源公交车购置补贴标准,从2019年开始,新能源公交车辆完成销售上牌后提前预拨部分资金,满足里程要求后可按程序申请清算
2019-3-26	《关于进一步完善新能源汽车推广应用财政补贴政策的通知》	乘用车补贴变为两档,纯电动乘用车退坡47%～60%,插电式乘用车退坡55%;结合低速电动车的产业政策,250千米以下较短的范围可能将由低速电动车负责,A0及A00级别的电动汽车很难与低速电动汽车在成本上进行竞争
2019-3-21	《四轮低速电动汽车技术条件》	低速电动车新国标将从根源上对低速电动车产业进行优化布局与规范化建设,使之更加符合社会发展需求

三、安徽省新能源汽车行业发展总体分析

(一)安徽省新能源汽车行业发展现状

2020 年,安徽省全省生产汽车 90 万辆以上,汽车制造业主营业务收入 2500 亿元左右,其中新能源汽车生产量和销售量继续保持在全国前列。安徽省已形成以安徽江淮汽车集团股份有限公司(以下简称“江淮”)、奇瑞汽车股份有限公司(以下简称“奇瑞”)、合肥长安汽车有限公司为代表的新能源乘用车生产企业,以安凯汽车股份有限公司(以下简称“安凯”)为代表的新能源客车生产企业,以江淮、安徽华菱汽车股份有限公司为代表的新能源货车生产企业协同发展的格局。奇瑞获得了纯电动乘用车单独生产资质。江淮大众新能源汽车合资项目获得国家纯电动乘用车批复,并被列为安徽省先进制造业“一号工程”进行推进。

在新能源电池市场中,安徽省有二十多家电池生产商,其中具有代表性的企业是国轩高科。国轩高科 2019 年动力电池装机量为 3.54 吉瓦·时,在全国新能源汽车的电池市场中排名第三,占国内市场份额的 6%;全球动力电池出货量为 3.2 吉瓦·时,在全球电池市场中排名第七,占全球电池市场份额的 2.74%。

安徽省新能源汽车市场快速发展,充电基础设施的建设显得尤为重要。截至 2020 年 7 月,安徽省公共充电桩保有量累计约为 2.8 万台,排名全国第七,如图 3-10 所示。

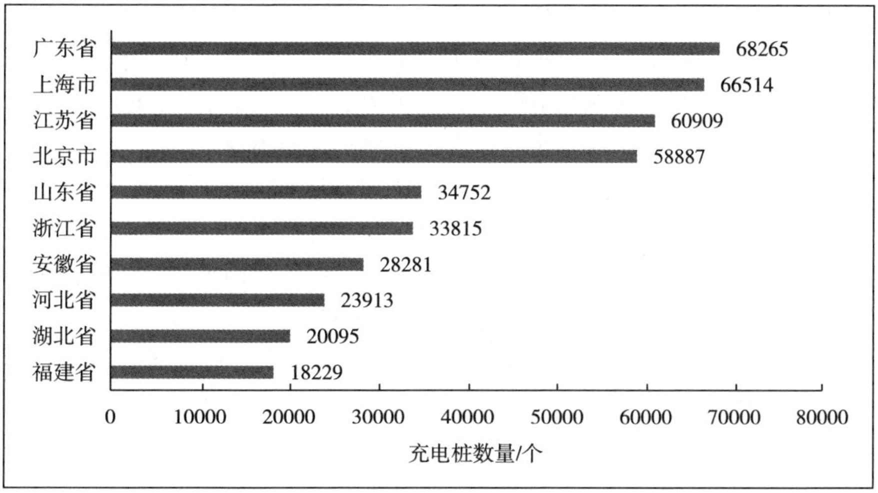

图 3-10 截至 2020 年 7 月,国内公共充电桩数量前十名的省(自治区、直辖市)排序图

(二)安徽省推进新能源汽车发展的政策

安徽省是全国传统的汽车大省,在新能源汽车的产业布局上见识早,行动快。2015 年 3 月出台了《安徽省人民政府办公厅关于加快新能源汽车产业发展和推广应用的实施意见》,提出加快安徽省新能源汽车产业发展和推广应用的总体要求、总体目标、主要任务和保障措施等,旨在加快抢占新能源汽车发展的制高点。2016 年 1 月出台了《安徽省人民政府办公厅关于加快电动汽车充电基础设施建设的实施意见》,旨在加快安徽省充电桩的建设和布局。2017 年 8 月出台了《安徽省人民政府关于印发支持新能源汽车产业创新发展和推广应用若干政策的通知》,其中一条政策是支持企业成长,对新能源汽车领域标准的制定、车型的开发和关键部件电池的生产给予支持。2018 年出台了安徽新能源汽车补贴政策,以国家新能源汽车发展战略为指导,将发展新能源汽车作为安徽省加快转变经济发展方式的重要着力点和推进汽车产业转型升级的突破口,加快新能源汽车推广应用和产业化。2018 年 10 月发布了《安徽省打赢蓝天保卫战三年行动计划实施方案》,提出将加快车船结构升级,推广使用新能源汽车。2020 年 4 月安徽省经信厅发布了《安徽省汽车和新能源汽车发展工作要点》,启动《安徽省新能源汽车产业发展"十四五"规划》编制工作,配合安徽省发改委推进《安徽省智能汽车创新发展战略实施方案》实施。

(三)安徽省新能源汽车行业发展目标和趋势预测

1. 安徽省新能源汽车行业发展目标

(1)市场目标。根据 2018 年安徽省人民政府发布的《安徽省打赢蓝天保卫战三年行动计划实施方案》,在公交、环卫、邮政、出租、通勤、轻型物流配送、港口、机场、铁路货场等新增或更换作业车辆时主要使用新能源或清洁能源汽车。

(2)技术发展目标。实现纯电驱动技术世界先进水平,力争插电式混合动力达到国内领先水平,燃料电池汽车技术水平达到国内先进水平。

(3)产业链及市场布局目标。全产业链协同发展,以江淮、奇瑞为主体,集聚发展新能源汽车系列产品。加快电池、电机、电控、电动转向、电动制动等核心关键零部件的高端化产业布局,在物流园、产业园、工业园、大型商业购物中心、农贸批发市场等物流集散地建设集中式充电桩和快速充电桩。

(4)产业跨界发展目标。使汽车消费、金融改革加快,"互联网+"影响加深,将电子、信息、能源、材料等技术交叉融合,将汽车与 IT、金融等相关产业深度融合,高渗透跨界发展的产业创新局面将加速形成。

2. 安徽省新能源汽车行业发展趋势预测

(1)截至 2020 年 12 月,安徽省新能源汽车产销规模占全国 13%左右。安徽省新能源汽车产销将持续快速增长，在未来的一段时间之内，安徽省新能源的消费结构依然以乘用车为主，将加快成长为国内外重要的新能源汽车产业基地。

(2)随着政策支持的减弱和逐渐退出，新能源汽车市场逐步由政策驱动型向市场驱动型转变。

(3)新能源汽车在安徽省的接受程度越来越高，私人消费生态由被动接受向主动选购转变。

(4)安徽省新能源汽车行业竞争将越来越激烈。随着新能源汽车外资股比限制取消，越来越多的新兴造车势力正在进入市场，新能源汽车产业面临着越来越激烈的竞争。

(5)安徽省新能源汽车的上游锂电池数量、电机电控的装机量和下游充电桩数量也将迎来爆发式增长。

第四章　安徽省新能源汽车上游行业融资现状

一、动力电池行业发展情况分析

(一)电池材料和设备行业

1. 正极材料

生产电池的正极材料主要有四种：三元锂、磷酸铁锂、钴酸锂和锰酸锂，其中三元锂电池和磷酸铁锂电池是新能源汽车市场的主体。

从2016—2019年我国新能源汽车市场电池装机量的实际情况(见表4-1)可以看出，各类型车辆的电池装机量总体呈现波动变化的趋势，纯电动乘用车和纯电动客车需求量较大。

表4-1　2016—2019年我国新能源汽车市场电池装机量表

(单位：千瓦·时)

车辆类型	2016年	2017年	2018年	2019年
纯电动乘用车	7.9×10^6	1.28×10^7	3.03×10^7	3.98×10^7
纯电动客车	1.51×10^7	1.24×10^7	1.62×10^7	1.49×10^7
纯电动专用车	3.1×10^6	6.2×10^6	6.1×10^6	5.4×10^6
插混乘用车	1.0×10^6	1.7×10^6	3.7×10^6	2.6×10^6
插混客车	5×10^5	6×10^5	3×10^5	3×10^5
插混专用车	20	—	72	6075

根据统计数据(见表4-2)可以看出，2016—2019年新能源汽车市场各类型车辆的磷酸铁锂电池总装机量总体呈现波动变化的趋势，在六大车辆类型中，纯电动客车对磷酸铁锂电池的需求最大。

表 4－2　2016—2019 年新能源汽车市场磷酸铁锂电池总装机量占比表

（单位：%）

车辆类型	年份			
	2016 年	2017 年	2018 年	2019 年
纯电动乘用车	40.69	23.53	10.71	6.51
纯电动客车	95.65	92.38	94.36	96.02
纯电动专用车	47.66	28.74	45.20	82.48
插混乘用车	74.49	7.31	0	2.00
插混客车	22.45	32.48	26.78	21.38
插混专用车	100	0	0	0.50

截至 2020 年，安徽省生产电池正极材料的企业只有国轩高科，其中三元正极材料的生产基地已于 2019 年建设，其已具备年产 8000 吨磷酸铁锂正极材料产能，完全可以保证自供。虽然安徽省当下能够量产正极材料的厂商不多，但是已有不少企业开始布局正极材料项目，除国轩高科以外，合肥昶之源锂业新材料有限公司和安徽昶源新材料股份有限公司拟建设磷酸铁锂的生产基地。安徽省正极材料厂商和投资额见表 4－3 所列。

表 4－3　安徽省正极材料厂商和投资额表

项目名称	投资额/亿元	企业
年产 50000 吨锂电池正极材料项目	50	合肥国轩高科动力能源有限公司
年产 50000 吨电池级磷酸铁及年产 10000 吨动力磷酸铁锂正极材料项目	10	合肥昶之源锂业新材料有限公司
年产 10000 吨磷酸铁锂动力电池正极材料建设项目	11.5	安徽昶源新材料股份有限公司
年产 10 亿千瓦·时动力锂电池制造项目	50	安徽利维能动力电池有限公司
年产 6000 吨动力电池三元正极材料项目	4	安徽天力锂能有限公司

2. 负极材料

2020 年上半年我国锂电池负极材料总出货量为 12.6 万吨，同比下降了 2.4%。其中人造石墨出货量为 10 万吨，占负极材料总出货量的 79.4%。2019 年我国锂电池负极材料总出货量为 26.5 万吨，同比增长 38%。其中人造石墨出货量为 20.8 万吨，占负极材料总出货量的 78.5%，相比 2018 年占比提升了 9.2%。具体如图 4－1 所示。

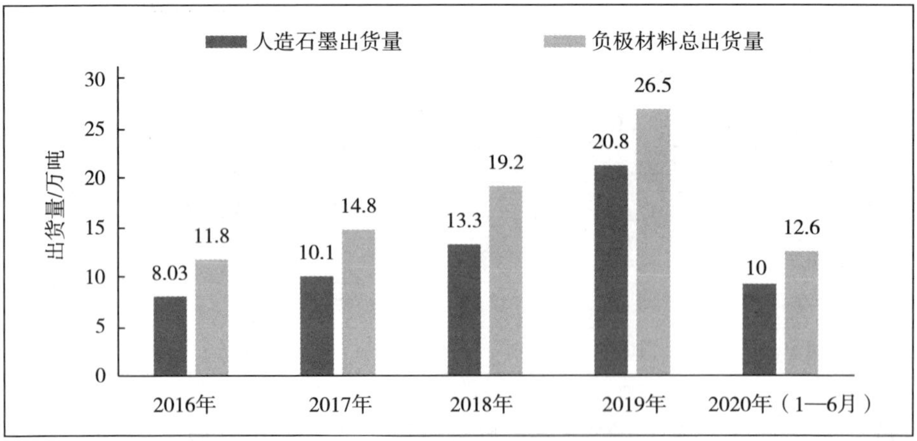

图 4－1　2016 年至 2020 年(1—6 月)我国锂电池负极材料出货量图

受动力电池终端市场增长拉动的影响，2019 年动力电池市场出货量为 71 吉瓦·时，同比增长 9.4%，进而带动负极材料市场出货量增长。2020 年上半年受新冠肺炎疫情影响，新能源汽车产量大幅下降，导致 2020 年上半年我国动力电池出货量降至 22 吉瓦·时，同比下降 37.2%，使得负极材料市场需求大幅减少。由于我国负极材料出口量一直较大，2020 年上半年在欧洲市场需求快速增长带动下，国外新能源汽车市场销量同比增长 30%。国外新能源汽车市场的快速增长直接带动动力电池增长，进而增加国外市场对国内负极材料的需求量，使得国内负极材料出货量降幅远小于动力电池装机量的降幅。

安徽省有五家公司拟投资生产负极电池，包括安徽科达洁能新材料有限公司、安徽安达新能源材料有限公司、安徽卓越新能源材料有限公司、安徽楚江科技新材料股份有限公司和国轩高科。安徽省负极材料厂商和投资额见表 4－4 所列。

表 4－4　安徽省负极材料厂商和投资额表

公　司	投资项目	投资额/亿元
安徽科达洁能新材料有限公司	年产 80000 吨锂电池系列负极材料	12.8
安徽安达新能源材料有限公司	建设年产 2000 吨锂离子电池正负极材料生产线	0.2
安徽卓越新能源材料有限公司	年产 10000 吨动力型磷酸铁锂正极材料和 10000 吨石墨负极材料	20.0

（续表）

公　司	投资项目	投资额/亿元
安徽楚江科技新材料股份有限公司	年产 10000 吨高性能锂电池负极材料	3.0
合肥国轩高科动力能源有限公司	新建年产 10000 吨高镍三元正极材料和 5000 吨硅基负极材料	6.5

3. 锂电池隔膜

从我国锂电池隔膜材料企业区域分布来看，总体上集中度较高，主要集中在华东和华中地区，产能比重分别达到 48.00%、27.00%；华南地区产能占比也有 10.00%，其他地区都在 10%以下。具体如图 4－2 所示。

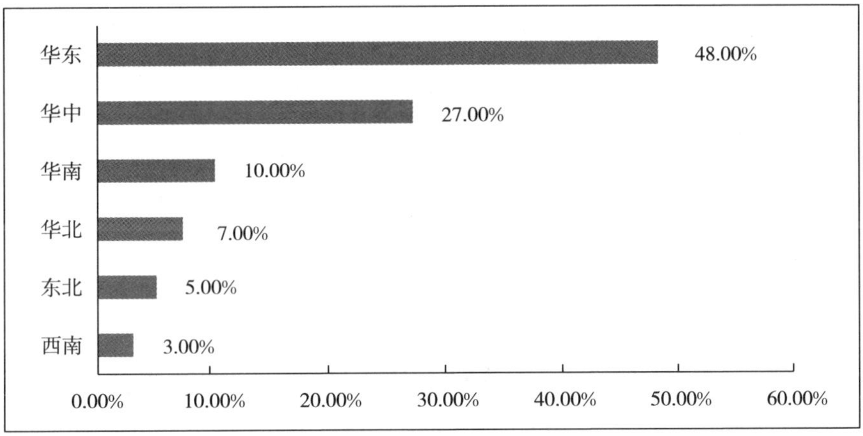

图 4－2　锂电池隔膜行业产能区域分布占比情况图

随着我国新能源产业的发展以及锂电池生产技术的不断提升，对锂电池隔膜的需求也日益增长。从产能来看，新建产能较大的企业主要有北星新材料科技有限公司、上海恩捷新材料科技股份有限公司等，产能均在 2 亿平方米以上，具体见表 4－5 所列。2020 年我国锂电池隔膜应用领域占比如图 4－3 所示。

表 4－5　锂电池隔膜企业表

企业名称	新建产能/亿平方米	企业名称	新建产能/亿平方米
北星新材料科技有限公司	12.00	安徽新衡新材料科技有限公司	11.00
上海恩捷新材料科技股份有限公司	10.00	云南云天化股份有限公司	0.90

（续表）

企业名称	新建产能/亿平方米	企业名称	新建产能/亿平方米
苏州胜利精密制造科技股份有限公司	5.20	界首市天鸿新材料股份有限公司	0.90
湖北江升新材料有限公司	5.00	辽源鸿图锂电隔膜科技股份有限公司	0.90
深圳市星源材质科技股份有限公司	3.60	湖南润沅新材料有限公司	0.80
湖南中锂新材料有限公司	3.00	武汉中兴创新新材料技术有限公司	0.60
中材锂膜有限公司	2.40	乐凯胶片股份有限公司	0.57
天津东皋膜技术有限公司	1.75	江西中泰新材料科技有限公司	0.50
沧州明珠塑料股份有限公司	1.65	深圳市惠程信息科技股份有限公司	0.40
江门市龙世纪科技股份有限公司	1.00	佛山市盈博莱科技股份有限公司	0.25

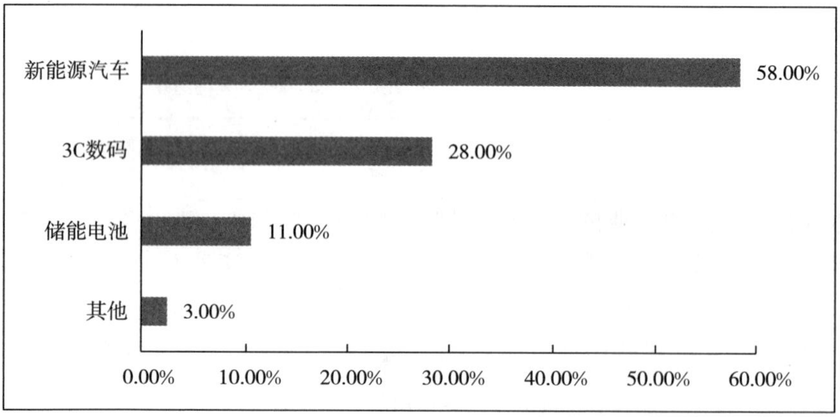

图 4-3　2020 年我国锂电池隔膜应用领域占比图

截至 2019 年，安徽省涉及电池隔膜的企业有六家（见表 4-6），拟总投资额在 76 亿元左右，但是在新能源汽车市场上的占有率非常少，而其他企业投资项目都在建设中。

表 4-6　安徽省锂电池隔膜生产厂商表

公　司	产　量	投资项目(额度)
安徽中兴新材料技术有限公司	年产 3 亿平方米	中兴新材锂电池隔膜总部基地项目(20 亿元)
安徽新衡新材料科技有限公司	年产 1 亿平方米	锂离子电池湿法隔膜一期项目(4 亿元)
界首市天鸿新材料股份有限公司	年产 0.9 亿平方米	新型锂电池隔膜项目(2.5 亿元)
合肥东昇机械科技有限公司	年产 0.5 亿平方米	锂离子电池隔膜项目(10 亿元)
安徽衡辉新材料科技股份有限公司	年产 5 亿平方米	高性能锂离子电池隔膜新项目(10 亿元)
合肥星源新能源材料有限公司	年产 5 亿平方米	锂离子电池湿法隔膜及涂覆隔膜项目(30.155 亿元)

4. 电解液

据统计,2019 年我国电解液出货量约 18.3 万吨,同比增长 30%,新能源汽车市场大幅增长,国内的动力锂电池出货量约 71 吉瓦·时,同比增长 9.2%,带动动力型电解液出货量增长。通信储能市场增速明显,使得储能电解液出货量增幅较大,其中排前五位的企业有广州天赐高新材料股份有限公司、深圳新宙邦科技股份有限公司、宁德国泰华荣新材料有限公司、东莞杉杉电池材料有限公司、珠海赛维精细化工有限公司,这些企业占据市场 77.3%的份额,占比同比增长 4%。

自 2019 年开始,安徽省电解液生产厂家主要有安徽兴锂新能源有限公司、安徽兆达新能源科技有限公司,分别计划年产电解液 6000 吨和 5000 吨,计划投资在 2 个亿元以上,见表 4-7 所列。

表 4-7　安徽省电解液生产厂商表

公　司	产量/(吨/年)	投资项目(包括额度)
安徽兴锂新能源有限公司	6000	与江西省新余市高新区签约了锂离子电池电解液项目(项目一期投资总额 6000 万元)
安徽兆达新能源科技有限公司	5000	年产 5000 吨锂离子电池电解液项目[投资总概算 4778.54 万元,环保投资总概算 119.1 万元,实际(一期)总投资 1000 万元,实际(一期)环保投资 50 万元];年产 7500 吨锂离子电池电解液项目(项目总投资 1.2 亿元,环保投资 169 万元)

5. 锂电设备

当下，我国生产锂电设备的企业规模普遍偏小，具体如图 4-4 所示，国内掌握锂电设备技术且生产规模相对较大的企业主要有无锡先导智能装备股份有限公司（以下简称“先导智能”）、深圳市赢合科技股份有限公司（以下简称“赢合科技”）、深圳市浩能科技有限公司、深圳吉阳自动化科技有限公司、北京七星华创电子股份有限公司等几家企业。赢合科技是行业定制化整线交付模式的鼻祖，连续三次与国轩高科签订整线锂电设备订单，从侧面体现出客户对该公司整线产品的认可。从技术层面来看，国内厂商已可以提供锂电生产的主要设备，且部分设备已达国际先进水平，但个别高端精密设备，如高端涂布机、卷绕机，仍然会采用进口产品，整体看国产高端锂电设备在精度上仍存在进步空间。

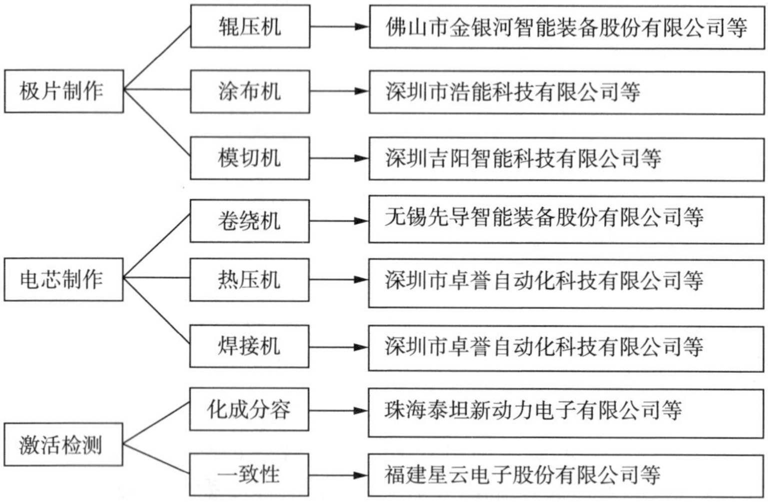

图 4-4　我国锂电制造设备的企业图

安徽省的锂电设备生产厂商数量少，规模不大，市场占有率低，合肥安轩能源有限公司和马鞍山市力固特机械设备有限公司可生产锂电设备，经营范围包括锂电池组及周边配件的技术开发、电池行业用高精度钨钢分切刀片等，见表 4-8 所列。

表 4-8　安徽省锂电设备制造商表

公　司	经营范围
合肥安轩能源有限公司	锂电池组及周边配件的技术开发
马鞍山市力固特机械设备有限公司	电池行业用高精度钨钢分切刀片

由以上分析可知，虽然安徽省在动力电池材料和锂电设备制造方面投资规模不小，但是生产的厂商较为零散，大部分都处于前期的投资建设中，还未形成规模量产，在市场中占有率较低，而且厂商的规模都较小，没有独特的核心技术，缺乏一定的知名度，未来将面临激烈的市场竞争。

（二）动力电池行业

新能源动力电池是新能源汽车的三大核心技术之一，根据正极材料分类，发展的锂离子动力电池路线主要有三元材料、磷酸铁锂、锰酸锂和钛酸锂。2019 年，排名全球前十的中国电池制造商有宁德时代、比亚迪、国轩高科、天津力神、远景能源有限公司等。在市场份额方面，排名前五家企业占比 45.1%，相较 2018 年的 47.5%下降了 2.4%。宁德时代获得 2019 年全球动力锂电池出货量冠军称号，完成了“三连冠”，相较于第二名，宁德时代的增速与出货量有扩大趋势。

安徽省有二十多家电池生产商（见表 4－9），其中国轩高科在新能源汽车的电池市场排名第三，是最纯粹的动力锂电行业龙头。2018 年国轩高科的动力电池装机量约 3.1 吉瓦·时，同比约增长 50%，在国内总装机量中占比约 5.4%，仅次于宁德时代、比亚迪，位居第三；2019 年国轩高科的装机量约 3.61 吉瓦·时，同比增长 16.5%，市场占有率为 6%，国内排名为第三位，全球排名为第七位。通过不断地与各个整车厂商开展合作，国轩高科已经形成了立足安徽、辐射华东的区位优势。

自从 2018 年江淮推出一系列车产品，打造具有多种产品平台以及多款可售产品的产品线，江淮对电池材料的需求进一步加大。奇瑞正在布局“一带一路”海外市场，毋庸置疑，动力电池需求量仍将继续攀升。随着动力电池需求量的不断增加，下游电池材料和设备的需求量也会相应增加。江淮与国轩高科早已形成合作关系，双方在十年中合作更新了七代技术、两代整车产品，2018 年 10 月，国轩高科与江淮正式签署了超过 40 亿元的电池订单。

表 4－9　安徽省电池厂商表

公　司
合肥国轩高科动力能源有限公司
安徽力霸动力锂电池科技有限公司
安徽天康新能源有限公司
安徽天鑫能源科技有限公司
安徽东道新能源科技有限公司
芜湖天量电池系统有限公司

（续表）

公　司
安赛锂能(合肥)有限公司
合肥星源新能源材料有限公司
中盐安徽红四方锂电有限公司
安徽省金玺新能源有限公司
安徽兴锂新能源有限公司
安徽大奥新能源科技有限公司
安徽欧鹏巴赫动力科技有限公司
安徽千航新能源科技有限公司
安徽益佳通电池有限公司
安徽神州巨电新能源科技开发有限公司
安徽威长新能源有限公司
安徽亚兰德新能源材料股份有限公司
安徽凯普卢森新能源科技股份有限公司
安徽精新能源科技股份有限公司
合肥中航新能源科技有限责任公司

随着新能源汽车的迅速发展，安徽省也有许多企业开始对动力电池项目进行布局，如合肥市政府与山东恒宇科技有限公司在 2014 年达成的 30 亿元动力电池的项目，国轩高科在 2015 年投资的年产 6 亿安时锂动力电池生产基地项目，安徽泰能新能源科技有限公司在 2017 年投资的 100 亿元电池基地生产项目等，见表 4－10所列。

表 4－10　安徽省电池的投资项目表

项目名称	投资额/亿元	企　业
合肥市政府与山东恒宇科技有限公司新能源动力电池生产基地项目	30	山东恒宇科技有限公司
锂离子动力电池项目	2.7	芜湖天弋能源科技有限公司
年产 6 亿安时锂动力电池生产基地项目	10	合肥国轩高科动力能源有限公司
安徽泰能新能源电池生产基地项目	100	安徽泰能新能源科技有限公司

（续表）

项目名称	投资额/亿元	企 业
新能源汽车电池冷却系统及管理系统项目	5.5	安徽新能科技有限公司
年产10亿千瓦时动力锂电池制造项目	50	安徽利维能动力电池有限公司
雨山区汽车发动机热交换制造系统及新能源汽车动力电池热管理系统制造	15	马鞍山纳百川热交换器有限公司

二、电机行业发展情况分析

（一）安徽省电机行业发展现状

随着新能源汽车产销量高速增长，我国新能源汽车电机装机市场也呈现出高速增长的态势。安徽省生产研发电机的企业有5家，产品多样，其投资情况见表4-11所列。有服务于高端纯电驱动轿车配套的安徽巨一自动化装备有限公司（以下简称“安徽巨一”），该公司的产品服务于江淮、奇瑞等，该公司在研发中投资近1.6亿元；也有服务于商用车的安徽皖南电机股份有限公司，该公司的电机主要用于大巴、环卫车等商用车；还有自主研发用于本企业的奇瑞安川电驱动系统有限公司，该公司成立于2016年，共投资3亿元，主要从事高端新能源汽车电驱动系统的设计、开发、制造和销售业务，拥有年产5万台电驱动系统生产能力。另外，安徽客车的龙头企业安凯，与国内外多家研发机构合作，研发驱动电机，2016年投资了2620万元对电机项目进行提升改造，并在2018年增加了投资；安徽中磁高科有限公司在2016年整体收购具有60年电机生产技术沉淀的电机总厂，2018年3月该公司与安徽大学共同筹备的“新能源汽车电机研发及产业化项目”正式启动，投资规模达6000余万元，同年8月，获批中央预算内投资补助资金1610万元，将带动新能源汽车驱动电机、航空航天高速伺服电机、高效节能电机新技术产业的发展。

表4-11 电机企业的投资情况表

电机企业	客 户	投资项目	投资额
安徽巨一自动化装备有限公司	安徽江淮汽车股份有限公司、奇瑞汽车股份有限公司等	新能源汽车电机驱动系统项目	近1.6亿元

（续表）

电机企业	客　户	投资项目	投资额
安徽皖南电机股份有限公司	—	年产1000万千瓦中小功率超高效电机制造基地项目	3亿元
奇瑞安川电驱动系统有限公司	奇瑞汽车股份有限公司	2017年12月28日，首台95千瓦电机及控制器在安徽芜湖上线，电驱系统产品将覆盖小容量及中大容量类型新能源汽车	3亿元
安徽安凯汽车股份有限公司	—	对电机项目进行提升改造	0.26亿元
安徽中磁高科有限公司	—	2016年整体收购具有60年电机生产技术沉淀的电机总厂；2018年3月该公司与安徽大学共同筹备的“新能源汽车电机研发及产业化项目”正式启动，投资规模达6000余万元；同年8月，获批中央预算内投资补助资金1610万元，将带动新能源汽车驱动电机、航空航天高速伺服电机、高效节能电机新技术产业的发展	0.76亿元

(二)安徽省市场情况

从总体上来看，安徽省的电机供应商（见表4－12）主要为本省新能源汽车厂商提供产品，个别新能源汽车生产企业的电机部分依靠自主研发。其中，奇瑞的永磁同步电机供应商主要为芜湖杰诺瑞汽车电器系统有限公司和合肥巨一动力系统有限公司，部分由自主研发生产；为江淮提供永磁同步电机的主要是安徽巨一。

表4－12　安徽省电机供应商表

整车企业	电机供应商	电机类型
奇瑞汽车股份有限公司	芜湖杰诺瑞汽车电器系统有限公司、合肥巨一动力系统有限公司	永磁同步电机
安徽江淮汽车股份有限公司	安徽巨一自动化装备有限公司	永磁同步电机

三、电控行业发展情况分析

(一)安徽省电控重点企业

安徽省电控重点企业(见表4-13)主要包括两类:一类是专业从事新能源电源设备的研发、生产、销售和服务业务的高新技术企业,如阳光电源股份有限公司、安徽贵博新能科技有限公司等;另一类是专业从事汽车零部件供应或专业从事电机电控产品供应的企业,如安徽宝汽宏泰电池科技有限公司、安徽一维新能源技术有限公司等,其中主打电控研发的企业有合肥凯利科技投资有限公司、合肥新生代电驱动科技有限公司等。各企业都积极进行新能源汽车电机电控相关产品的研发和技术积累,和高校(如中国科学技术大学、合肥工业大学、安徽大学)合作研发,与整车企业合作,如安徽巨一为江淮等提供电控产品。其中,安徽巨一、国轩高科与国内多个整车企业都有合作,在国内电控市场占有较大份额。

表4-13　安徽省电控重点企业表

企业名称	业　务
安徽宝汽宏泰电池科技有限公司	储能电池、动力电池的研发、生产与销售,电动汽车零配件的生产与销售,电机电控系统、电池智能管理系统技术的研发与销售,电池技术咨询,电池纳米材料、纳米碳研发,石墨烯电池研发,电池正负极材料研发,电动汽车技术研发与咨询
安徽一维新能源技术有限公司	打造全球领先的电动汽车高集成电控总成解决方案,实现电动汽车电机控制器、车载充电机、直流变换器、整车控制器四大核心零部件的优化集成,为客户提供安全、可靠、高效、互联互通的电能管理系统
合肥创宇新能源科技有限公司	新能源车辆控制系统的设计、研发、加工、销售及维护,汽车电子产品的研发、加工、销售、服务与维修,动力锂离子电池管理系统的研发、销售
合肥国轩高科动力能源有限公司	主要产品为磷酸铁锂材料、电芯、动力电池组、BMS系统及储能型电池组
安徽巨一自动化装备有限公司	涵盖汽车及其关键组成部件智能制造成套装备和新能源汽车电驱动系统等
安徽省金玺新能源有限公司	汽车零部件、电动汽车及充电设备、永磁电机、电控器、电池管理系统、氧化锂动力电池及太阳能电池等新能源产品

（续表）

企业名称	业　务
安徽力高新能源技术有限公司	逐步覆盖电池管理、电池成组、电力驱动、充电设备等领域，并形成了应用于纯电动直驱、纯电动变速、混合动力的完整解决方案
芜湖天元汽车电子有限公司	生产动力型锂电池充放电保护模块和BMS电源管理系统的专业生产厂商
安徽锐能科技有限公司	建立了完整先进的汽车电子开发平台，为整车企业、动力电池企业提供最优质的动力控制系统产品与服务，涵盖大功率动力电池管理系统、电动汽车整车控制系统，确定电动汽车动力系统解决方案、电动汽车整车电气网络架构解决方案等
安徽锐通信息技术有限公司	专注于电池管理系统BMS、充电设备与管理系统的研发与生产
安徽贵博新能科技有限公司	新能事业：电池管理系统、PACK、储能整体解决方案、分布式发电与微电网；IT事业：信息化、自动化、智能化领域，企业信息化咨询、软件开发与实施，自动化系统设计、实施与产品销售，智能化工程设计、施工与产品销售
安徽赛亚汽车科技有限公司	专注于新能源汽车设计（主要从事电动车核心技术的开发）和智能汽车平台开发
安徽瑞吉安新能源汽车科技有限公司	新能源汽车变速箱、新能源汽车驱动总成、汽车空调、汽车零部件的开发、销售、服务，电动汽车整车开发
安徽华计高科新能源汽车股份有限公司	新能源汽车的电机及电机控制系统、电动汽车充电桩、高低压配电柜、整车控制器、CAN总线及相关的机电产品、电子产品及无人飞行器等产品的研发、生产与销售
阳光电源股份有限公司	主要产品有光伏逆变器、风能变流器、储能系统、电动车电机控制器
合肥凯利科技投资有限公司	电机控制器和电子控制单元
合肥新生代电驱动科技有限公司	5.5千瓦～50千瓦、48～384伏电驱动系统（电机和控制器）、整车控制器、电池管理系统和整车方案设计，5.5千瓦～25千瓦、72～384伏电驱动系统（电机和控制器）的防爆设计生产
安徽中龙节能科技有限公司	在纯电动汽车电机交流异步电机、均衡充电系统、电动汽车空调系统、M系列交流电机控制器等核心技术方面具有独特优势

（续表）

企业名称	业　务
合肥瑞箭新能源汽车零部件技术公司	电动汽车电驱动系统（包括永磁电机、控制器、双速自动变速器）；用于串联式混合动力汽车的车载式 5 千瓦、7.5 千瓦、10 千瓦、15 千瓦系列单缸、水冷、全电控式直流发电机组，快速充电器及直流转换器等具有自主知识产权的新能源汽车配套产品
合肥创大新能源科技有限公司	主要研发、生产和销售新能源电动汽车的配套动力电池、电机及电控主系统关键部件产品

（二）安徽省电控投资项目

随着新能源汽车产销量的持续高涨，电控作为构成新能源汽车的核心部件，其市场规模不断扩大，强大的市场空间让电控产业迎来了投资热潮。本部分整理了 9 个较有代表性的安徽省电控投资项目，见表 4 - 14 所列，项目的投资方主要是电机电控企业，也不乏整车企业主动参与投资电控系统的研发项目，如江淮与安徽巨一各出资 5000 万元创办了开发生产电机及电控系统技术的合资公司，公司研发的产品将直接用于江淮汽车的生产，直接将电控系统的研发与应用结合了起来。

表 4 - 14　安徽省电控投资项目表

项目名称	投资额/亿元	投资方
新能源汽车电机和电机控制器关键技术及产业化开发	—	安徽巨一自动化装备有限公司
插电式混合动力客车整车及关键技术研发及产业化	—	安徽安凯汽车股份有限公司
电动客车专用驱动电机控制系统研发及应用	—	安徽安凯汽车股份有限公司
新能源汽车用轮毂电动机及其控制系统的研发与应用	—	安徽大学
年产 10 万套新能源汽车电驱动系统项目	—	安徽巨一自动化装备有限公司
设立一家开发生产电机及电控系统技术的合资公司	1	安徽江淮汽车股份有限公司，安徽巨一自动化装备有限公司
新能源电动汽车电池包、新能源电动汽车电机及控制器项目	3.5	合肥创大新能源科技有限公司

（续表）

项目名称	投资额/亿元	投资方
年产20万台套新能源汽车驱动电机及控制器项目	5.1	安徽栋霖电气有限公司
中车淮南电机研发和生产项目	10	中车株洲电机有限公司，安徽中车瑞达电气有限公司

(三)安徽省政策

安徽省政府为推动新能源汽车行业发展，于2015年正式将发展新能源汽车作为安徽省加快转变经济发展方式的重要着力点和推进汽车产业转型升级的突破口，从政策上大力支持新能源汽车行业的发展(见表4－15)。2017年，安徽省进一步加大对新能源创新的扶持力度，着力推动新能源汽车行业的创新驱动发展，对在省内新设立独立法人生产企业、实缴资本达到1000万美元或1亿元人民币，并用于本省项目投资的新能源汽车行业跨国公司、国内整车10强企业、关键零部件10强企业，经认定后，每实缴1000万美元或1亿元给予300万元的奖励，奖励金额最高达5000万元。随着安徽省政府不断推进新能源汽车行业政策，各地方政府为当地新能源汽车行业的发展制定了更为详细的政策，2018年3月，太和县为贯彻落实支持省政府新能源汽车行业创新发展和推广应用若干政策的意见，从本地实际出发，从支持研发创新、支持招大引强、支持企业成长、支持公共服务平台、推广公共领域的应用、实施出租车“油改电”换购计划、加快充电设施建设、营造低成本便利化的消费环境等方面支持新能源汽车行业创新发展和推广应用。

表4－15　安徽省支持新能源汽车行业发展的政策表

名　称	部　门	相关内容
《安徽省人民政府办公厅关于加快新能源汽车产业发展和推广应用的实施意见》	安徽省人民政府办公厅	明确将发展新能源汽车作为安徽省加快转变经济发展方式的重要着力点和推进汽车产业转型升级的突破口
《支持新能源汽车产业创新发展和推广应用若干政策》	安徽省人民政府	对在安徽省新设立独立法人生产企业、实缴资本达到1000万美元或1亿元人民币，并用于本省项目投资的新能源汽车行业跨国公司、国内整车10强企业、关键零部件10强企业，经认定后，每实缴1000万美元或1亿元给予300万元的奖励，奖励金额最高达5000万元

（续表）

名　称	部　门	相关内容
《太和县人民政府关于贯彻落实支持新能源汽车产业创新发展和推广应用若干政策的意见》	太和县人民政府	从支持研发创新、支持招大引强、支持企业成长、支持公共服务平台、推广公共领域的应用、实施出租车“油改电”换购计划、加快充电设施建设、营造低成本便利化的消费环境等方面支持新能源汽车行业创新发展和推广应用

四、国轩高科融资现状分析

(一)国轩高科的发展现状

近年来，在国家各种支持政策的刺激及各类产业资金的推动下，国内的新能源汽车行业进入了高速发展的阶段。在新能源汽车的整个产业链中，动力电池是其非常重要的部分，也伴随着整个产业链走上了发展的快车道，由此也诞生了诸如宁德时代、比亚迪、国轩高科等动力电池公司。

国轩高科的主要业务为动力锂电池业务和输配电设备业务，其生产的正极材料作为关键原材料在生产单体锂离子电芯时使用，单体锂离子电芯经 PACK 组装成，主要应用于纯电动商用车、乘用车、专用车和混合动力汽车等新能源汽车领域。此外，其动力锂电池组产品还可广泛应用于储能电站、通信基站、风光互补、移动电源等领域，2018—2019 年国轩高科动力电池市场份额见表 4－16 所列。

表 4－16　2018—2019 年国轩高科动力电池市场份额表

名　称	2018 年	2019 年
动力电池装机量/(吉瓦・时)	3.1	3.54
国内市场占有率/%	5.40	6.00
动力电池出货量/(吉瓦・时)	3.2	3.2
全球市场占有率/%	3.20	2.74

(二)国轩高科的优势和劣势分析

国轩高科具备先进的研发优势，技术和产能具备极强的竞争力。截至 2019 年

12 月底，公司累计申请专利 3649 项，其中发明专利 1734 项(含 119 项国外专利)；累计授权专利 2026 项，其中授权发明专利 442 项(含 37 项国外授权发明专利)。公司专利技术除了在我国被大量注册登记，在多个海外国家也均有注册，主要涵盖电芯结构设计、电芯加工工艺及设备、BMS、PACK、检测评价、拆解回收以及储能等领域，知识产权覆盖电池的全产业链。截至 2019 年年底，公司拥有 93 项软件著作权，42 项商标(含 9 项国际商标、1 项中国驰名商标)，发表论文 211 篇，公司的研发技术与专利成果处于行业领先水平。

同时国轩高科具备市场优势，拥有一批优质客户。在乘用车方面，与江淮建立了稳定的战略合作关系，为江淮新能源乘用车 IEV6EL、A50 等提供高安全性、高可靠性的磷酸铁锂电池组；在商用车、专用车等方面，公司立足于物流行业的发展趋势及绿色新能源专用车应用推广，与上汽大通汽车有限公司等全方位合作开发了多款新产品。

截至 2019 年，国轩高科在电池市场占有率为 6%，在动力电池整体市场中所占份额比较低，而宁德时代和比亚迪的市场占有率分别为 53%和 17%，相差较大。2018 年和 2019 年，国轩高科的全球动力电池出货量均为 3.2 吉瓦·时，全球市场份额由 2018 年的 3.20%降至 2019 年的 2.74%。在市场空间扩大、产能急剧扩张的时期，国轩高科面临着较大的挑战。

(三)地方补贴和相关支持

国家这几年一直大力支持并鼓励高科技企业的发展。国轩高科被认定为高新技术企业后，就可以得到政府给予的优惠税率。《中华人民共和国企业所得税法实施条例》明确规定“符合高新技术企业标准的企业所得税标准为 15%”，国轩高科符合高科技行业标准，并实施 15%的税率政策。

国轩高科获得了来自各地政府的财政支持，每年都会收到不同类型的政府补贴，如人才专项奖励、新能源汽车产业创新发展奖补资金、省技术示范企业研发奖励等，这些政府补贴主要来自地方政府及省委组织部，其补贴规模见表 4－17 所列。

表 4－17　2016 年至 2020 年(1—9 月)政府补贴规模表

年　份	2016 年	2017 年	2018 年	2019 年	2020 年(1—9 月)
补贴金额/亿元	0.96	3.78	4.29	5.1	3.18
增加金额/亿元	—	2.82	0.51	0.81	—

从表 4－17 可以看出，近几年的财政补贴规模较大，2020 年前三季度政府补贴金额为 3.18 亿元，一方面是由于 2015 年开始国轩高科电池销量的增加使得其获

得的国家补贴和地方补贴增加，另一方面是由于国轩高科具备先进的研发优势，多次获得科技类奖项，因此政府奖励补贴增加。

(四)国轩高科的融资结构

2019 年全国新能源汽车行业的平均资产负债率为 60.7%，锂电池企业的平均资产负债率为 67.3%，四大材料领域最低，为 44.2%，其他领域也基本维持在 45% 左右。由表 4-18 可知，国轩高科 2019 年资产负债率为 64.02%，说明国轩高科的企业资产负债规模控制在合理的范围内。

表 4-18　2016 年至 2020 年(1—9 月)国轩高科资产负债率表

年　份	2016 年	2017 年	2018 年	2019 年	2020 年(1—9 月)
资产负债率/%	61.23	51.72	58.47	64.02	59.58

2019 年国轩高科的债务期限结构为流动负债占比 94.68%，长期负债占比 5.32%，相比 2016—2018 年，流动负债占比有所提升；2016—2018 年流动长期负债比相对稳定，债务期限结构变幅不大。具体如图 4-5 所示。

从内源融资上来看，2016—2019 年国轩高科内源融资分别为 216169.13 万元、354873.54 万元、299516.06 万元、364663.55 万元(见表 4-19)。2015 年的股本为 8.76 亿元，与 2016 年股本不同(但差距较小)，2017 年股本发生变化，2018 年、2019 年的股本与 2017 年股本相同，为 11.37 亿元。

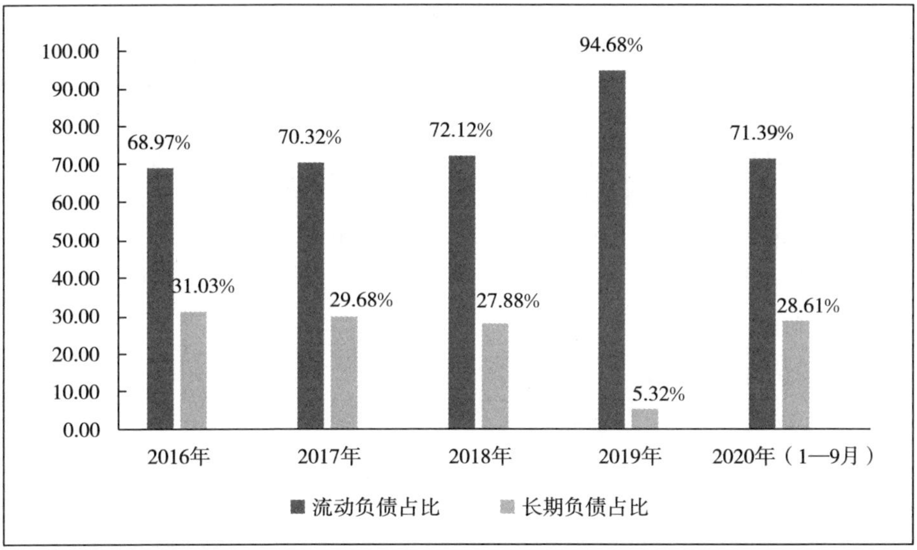

图 4-5　2016 年至 2020 年(1—9 月)国轩高科债务期限结构图

表 4-19　2016 年至 2020 年(1—9 月)国轩高科内源融资表

年　份	2016 年	2018 年	2017 年	2019 年	2020 年(1—9 月)
留存收益/万元	204292.10	321596.85	274928.82	315513.24	326228.90
折旧/万元	11877.03	33276.69	24587.24	49150.31	—
内源融资/万元	216169.13	354873.54	299516.06	364663.55	—

通过本节的研究分析发现，国轩高科的融资占比从大到小依次为债务融资、股权融资、内源融资、政府补助。债务融资比例大，内源融资占比小，对政府补贴依赖性相对较小，债务结构控制在合理的范围之内。近年来，国轩高科长期绩效排名超过了一半以上的 IPO 上市企业，虽对政府补贴依赖性相对较小，但财政补贴增幅逐年下降会对自身业务扩张产生一定的影响。

五、安徽省新能源汽车上游行业发展情况总结

首先，安徽省已有比较完整的新能源汽车上游产业链，并在新能源核心的“三大电”(电池、电机、电控)中已形成一批骨干龙头企业，如国轩高科在全国电池市场占有率位居第三，安徽巨一在电机电控市场中也位居前十，同时这些安徽龙头企业也几乎占据安徽省新能源汽车上游行业的全部份额。其次，安徽省新能源汽车产业链上游行业核心技术基础雄厚，国轩高科、安徽巨一等在各自领域都处于国内乃至国际的领先水平。最后，安徽省新能源汽车上游行业投资规模不断扩大，安徽省新能源汽车在上游各环节的投资达到 400 亿元，各行业的生产规模都在不断扩大。同时，安徽省新能源汽车上游行业发展存在以下问题：在上游电池材料市场所占份额几乎为零，仅有国轩高科在正极材料部分实现量产，其他大部分企业都处于前期的投资中，还未实现量产；虽然国轩高科在市场占有率中处于第三，但是在动力电池整体市场中所占份额比较低，与宁德时代和比亚迪相差较大。

第五章　安徽省新能源汽车中游行业融资现状

新能源汽车行业作为安徽省经济的支柱产业之一，带动了许多相关行业的发展。在10多年的持续研发和生产中，安徽省已初步形成较完善的产业链。“十二五”期间，安徽省具有整车生产资质的企业由初期的6家增加到9家，分别布局于合肥、芜湖、马鞍山、滁州，产业化集聚与带动效应突出，产业布局趋于合理。如今安徽省汽车整车企业均为国有或国有控股企业，主要产品均为自主品牌产品，产业地位基本稳固。江淮、奇瑞和安凯3家自主品牌汽车企业在乘用车、商用车、客车领域各有建树，车型也比较齐全，共有37款车型先后入选国家节能与新能源汽车推广目录，且均达到了量产要求。

一、江淮

(一)江淮新能源汽车的发展现状

江淮是一家具有研究、生产、销售和服务能力的综合汽车企业集团。江淮是国家火炬计划重点关注的高新技术企业和国家级创新企业，并跻身中国500强企业和中国工业百强企业之列。江淮在新能源汽车领域规划了“三步走”战略：2007年到2010年，处于萌芽期，江淮率先实现系统集成出车；2011年到2019年，处于过热期，江淮潜心研究和实践，掌握核心技术；从2020年开始，江淮将面向规模化启动产业深耕。

基于合肥国家级科技产业基地形成的产业链，江淮建设了国际先进、国内领先的iEV平台，这也是江淮大众合资项目产品开发的基础平台。同时，通过迭代开发推动技术产品成熟的创新方法，江淮还取得了电池包热失控安全技术、液冷技术两大核心技术的突破。

2014—2018年，江淮年复合增长率超过100%，呈现爆发式增长，具体如图5-1所示。2018年9月，江淮旗下的iEV纯电动汽车销量达0.7万辆，位居新能源乘用车市场销量第一名。2020年1—11月江淮纯电动乘用率产品销量图如图5-2所示。

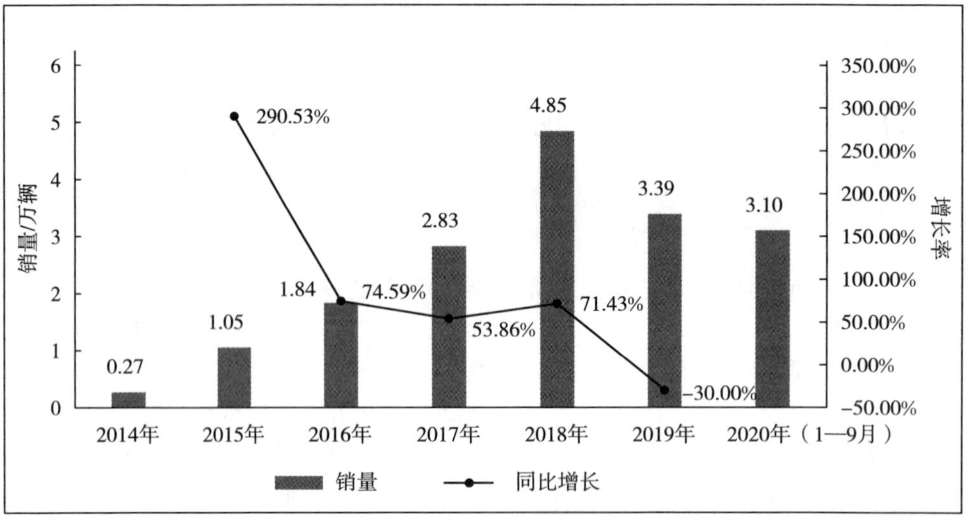

图 5-1　2014 年至 2020 年(1—9 月)江淮新能源汽车销量图

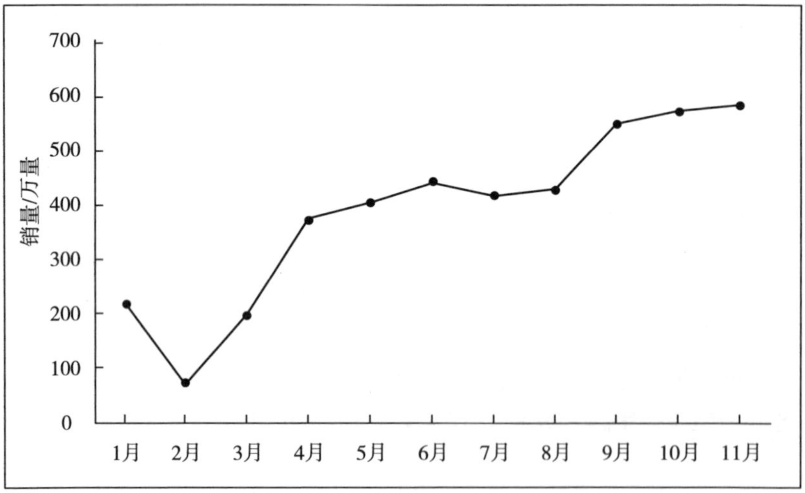

图 5-2　2020 年 1—11 月江淮纯电动乘用车产品销量图

(二)江淮新能源汽车的优势和劣势分析

江淮新能源汽车具有以下优势:首先,地理位置优越。江淮位于合肥市,而合肥拥有众多高校,这些高校为合肥的科研发展奠定了良好的人才基础,这对于发展新兴产业是大有益处的,也为江淮新能源汽车的发展奠定了良好的科研基础。其次，iEV 系列有着广阔的发展前景，其技术和外形等方面得到了市场的认可，是国内新能源汽车中最畅销的车型之一；iEV7S 是江淮新能源十年七代的代表作。再次，江淮是国内最早研发新能源汽车的车企之一，有着技术和研发上的优势，例如作为 2019 年市场上最成熟的一款纯电动 SUV，iEV7S 搭载江淮新能源最新研发的液冷电池管控技术，成功突破寒暑的限制，成为国内首款攻克热失控安全技术的纯电动 SUV，车辆的安全性得到了充分的保障。最后，作为安徽省的老牌车企，江淮一直得到着安徽省政府的技术、资金和政策等方面的大力支持。

尽管如此，江淮新能源汽车的不利因素也非常明显：首先，其在新能源汽车市场上整体规模较小，尽管江淮新能源汽车在全国销量位于第七位，但其市场占有率不高，仅有 5%左右。其次，对安徽市场依赖程度较高，江淮新能源汽车 90%以上的销量主要集中于安徽省，在全国其他省份和地区的销量不高。最后，在技术上，江淮新能源汽车在产品品质、可靠性等方面均出现了不同程度的问题，对江淮来说是一个非常不利的因素。

(三)地方政府财政补贴和相关支持

江淮获得了来自各地政府的财政支持，每年都会收到不同类型的政府补贴，增值税退税、汽车及相关产品研发活动补贴、节能汽车支持奖励等。例如，早在 2011 年，江淮就从合肥市政府获得了 4877 万元的奖励和补贴；其公司和子公司在 2020 年总共获得了近 88000 万元的政府补贴。2020 年江淮获得的财政补贴明细见表 5-1所列。

表 5-1　2020 年江淮获得的财政补贴明细表

日　期	金额/万元	补贴性质
2020 年 1 月	947.7789	与收益相关的政府补贴
2020 年 2 月	18.4010	与收益相关的政府补贴
2020 年 3 月	796.2218	与收益相关的政府补贴
2020 年 4 月	1146.2197	与收益相关的政府补贴
2020 年 5 月	1055.0032	与收益相关的政府补贴
2020 年 6 月	28432.4211	与收益相关的政府补贴
2020 年 7 月	1384.5898	与收益相关的政府补贴
2020 年 8 月	5997.5624	与收益相关的政府补贴
2020 年 9 月	27589.5384	与收益相关的政府补贴
2020 年 10 月	7075.9150	与收益相关的政府补贴

（续表）

日 期	金额/万元	补贴性质
2020 年 11 月	198.1107	与收益相关的政府补贴
2020 年 12 月	13101.3230	与收益相关的政府补贴

我国政府对新能源汽车主要给予基于所得税的税收优惠，大力支持并鼓励高科技企业的发展。江淮被认定为高新技术企业后，就可以得到政府给予的优惠税率。江淮及其国内子公司的所得税税率分别为 15%和 25%，见表 5-2 所列。我国执行企业所得税的标准为：符合高新技术企业标准的企业所得税标准为 15%，而不符合的按照 25%的税率。新能源汽车符合高科技行业标准，实施 15%的税率政策。

表 5-2 江淮及其国内子公司所得税税率一览表

公司名称	税率/%
安徽江淮汽车股份有限公司	15
合肥江淮铸造有限责任公司	15
安徽江汽进出口贸易有限公司	25
合肥同大江淮汽车车身有限公司	25
安徽江淮福臻车体装备有限公司	15
安徽星瑞齿轮传动有限公司	15
合肥江淮汽车融资担保有限公司	25
扬州江淮轻型汽车有限公司	25
安徽江淮安驰汽车有限公司	15
安徽江汽投资有限公司	25

若新能源汽车生产企业与传统汽车制造企业使用相同的税率，由于技术和市场不够成熟而需要投入更多的广告费用和研发费用，因此不利于新能源汽车和传统汽车进行市场竞争，均不能反映出对战略性新兴产业的税收激励。

江淮每年都可以获得不同类型的政府补贴，通过这些补贴能使公司扭亏为盈。2018 年 3 月，江淮获得安庆市产业专项扶持资金 3.5 亿元，此类补贴给江淮带来了巨大的收益。年报数据显示，江淮在 2012 年至 2017 年每一个会计年度都得到了大量的政府补助。2016—2020 年江淮获得的汽车补贴规模见表 5-3 所列。

表 5-3 2016—2020 年江淮获得的汽车补贴规模表

	2016 年	2017 年	2018 年	2019 年	2020 年
补贴金额/亿元	39.85	27.36	9.93	7.37	8.77
增加金额/亿元	—	−12.49	−17.43	−2.56	1.40
增加幅度	—	−31.34%	−63.71%	−25.78%	19.00%

由表 5-3 可以看出,2020 年全年政府补贴规模为 8.77 亿元。2016 年、2017 年补贴规模较大,这一方面是由于 2015 年开始江淮新能源汽车销量的增加导致获得的国家补贴和地方补贴增加,另一方面是当时政府为保证江淮盈利,每年都会给予一定的财政补助。

(四)江淮新能源汽车销售环节补贴情况

我国政府主要从车企和消费者两个方面对新能源汽车给予财政补贴:一方面对新能源汽车企业的研发进行补贴,并补贴新能源汽车的配套产业,如充电桩的建设;另一方面政府直接对消费者进行补贴,中央和地方政府依据该年的补贴标准直接对新能源汽车企业补贴,消费者直接支付补贴后的车辆价格,而政府直接和新能源汽车企业进行结算,实际上是政府向新能源汽车企业和消费者提供转移支付。这样的财政补贴增加了消费者对新能源汽车的购买欲望,并提高了新能源汽车的边际消费倾向,为新能源汽车销量的增长提供了相对有力的支撑。

2016—2019 年江淮新能源汽车财政补贴金额及占比如图 5-3 所示,江淮新能源汽车财政补贴与新能源汽车销量对比如图 5-4 所示。

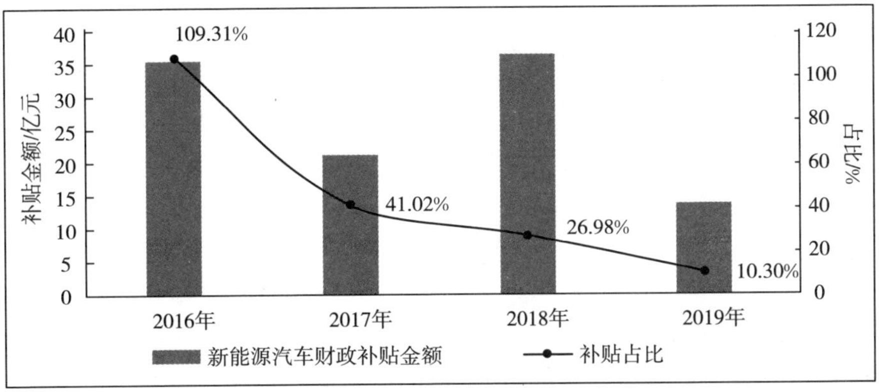

图 5-3 2016—2019 年江淮新能源汽车财政补贴金额及占比图
(其中:财政补贴占比=财政补贴/收入×100%)

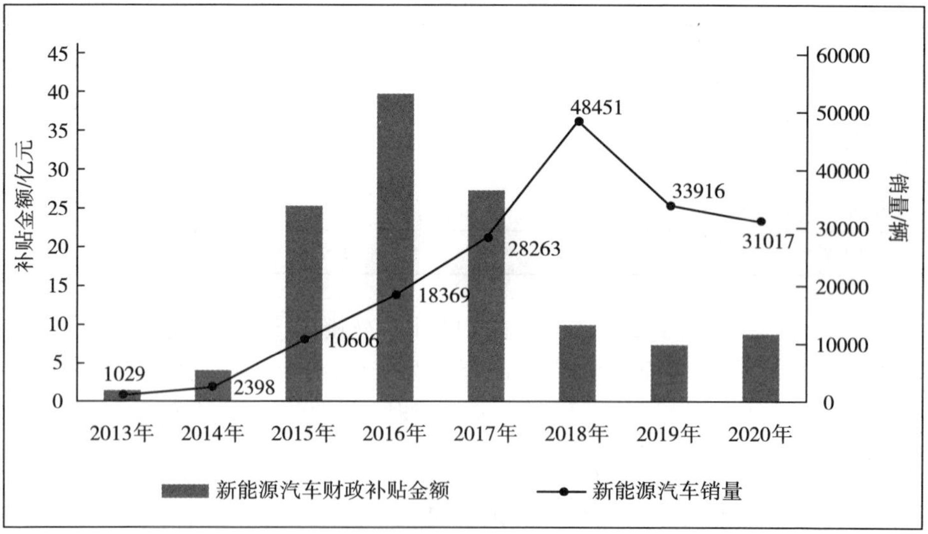

图 5-4 江淮新能源汽车财政补贴与新能源汽车销量对比图

图 5-4 中，2013—2016 年江淮新能源汽车销量和新能源汽车财政补贴金额同向增长且二者的幅度相当。原因有两个：其一是政府的财政补贴让消费者增加了对江淮汽车的购买力。根据财政补贴的替代效应，当消费者在传统燃料汽车和新能源汽车之间犹豫不决时，他们往往受到财政补贴驱动来选择购买新能源汽车。政府对新能源汽车的财政补贴可以使消费者使用原本有限的购买预算购买到更优质、性价比更高的汽车，从而增加了消费者购买新能源汽车的边际倾向，使江淮新能源汽车销量增加，达到政府所希望的效果。其二是车企方面，政府的补贴提高了江淮汽车的销量。传统燃料汽车排放的废弃物和 CO_2 造成的温室效应会对居民造成不良影响，而新能源汽车不会排放污染物，可以使城市居民受益。2017—2018 年，江淮新能源汽车销量和政府补贴变化趋势相反，2018—2020 年，江淮新能源汽车政府补贴呈现下滑的趋势，由补贴占比的 26.98%下降到 10%左右。这是因为财政补贴政策持续退坡，准入条件等调整政策、碳积分和新能源积分交易机制的实施，加快了产业发展向市场驱动转变。

（五）江淮的融资结构

根据新浪财经统计数据（见表 5-4）得知，截至 2020 年 9 月 30 日，江淮的资产负债率为 69.73%。2018 年和 2017 年全国新能源汽车产业的平均资产负债率分别为 60.3%、58.0%，江淮相对应的资产负债率分别为 71.10%、65.74%，资产负债率偏高。相较于其他新能源汽车企业，这种较高的资产负债率也说明了江淮缺乏资金，在如今比较严的新能源政策和金融政策下，可能会带来一定的风险。

表 5-4 2016 年至 2020 年(1—9 月)江淮的资产负债率表

年 份	2016 年	2017 年	2018 年	2019 年	2020 年(1—9 月)
资产负债率/%	68.57	65.74	71.10	68.75	69.73

由图 5-5 可以看出，江淮以流动负债为主，2019 年流动负债占比 84.40%，长期负债占比为 15.60%。从 2016 年开始，流动负债率呈波动变化的趋势，长期负债率总体上波动上升，这给江淮汽车带来了债务偿还风险。

从内源融资上来看，2016—2019 年江淮汽车内源融资分别为 798861.33 万元、798956.73 万元、722451.31 万元、718998.20 万元。2015 年的股本为 146323.30 万元，2016—2019 年的股本均为 189331.21 万元，其中 2020 年前三个季度留存收益已达上年全年水平。

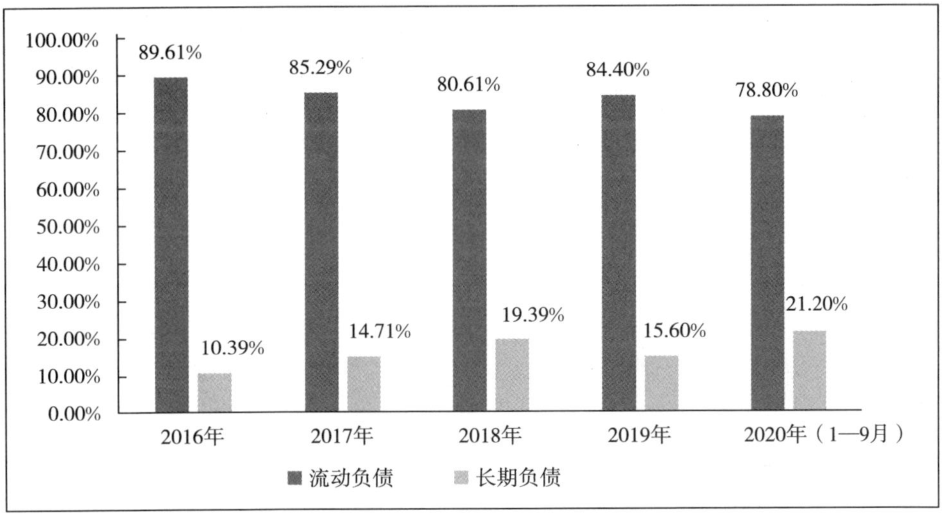

图 5-5 2016 年至 2020 年(1—9 月)江淮汽车债务期限结构图

表 5-5 2016 年至 2020 年(1—9 月)江淮汽车内源融资表

年 份	2016 年	2017 年	2018 年	2019 年	2020 年(1—9 月)
留存收益/万元	647688.36	654807.45	562543.97	572673.67	573690.47
折旧/万元	151172.97	144149.28	159907.34	146324.53	—
内源融资/万元	798861.33	798956.73	722451.31	718998.20	—

有学者在研究债务融资时，将“(借款＋长期借款＋一年内到期长期借款＋应付债券的期末数合计减去初数合计)/上年末总资产公司规模”作为债务融资比例，本书参照多数学者的做法，将资产负债率作为债务融资比例(见表5－6、图5－6)。

表 5－6　2016 年至 2020 年(1—9 月)江淮的融资占比表

年　份	2016 年	2017 年	2018 年	2019 年	2020 年(1—9 月)
股权融资比例/%	31.43	34.26	28.90	31.25	30.27
债务融资比例/%	68.57	65.74	71.10	68.75	69.73

由表 5－6 可知，近几年江淮的股权融资和债务融资比例变化不大，趋于稳定状态。

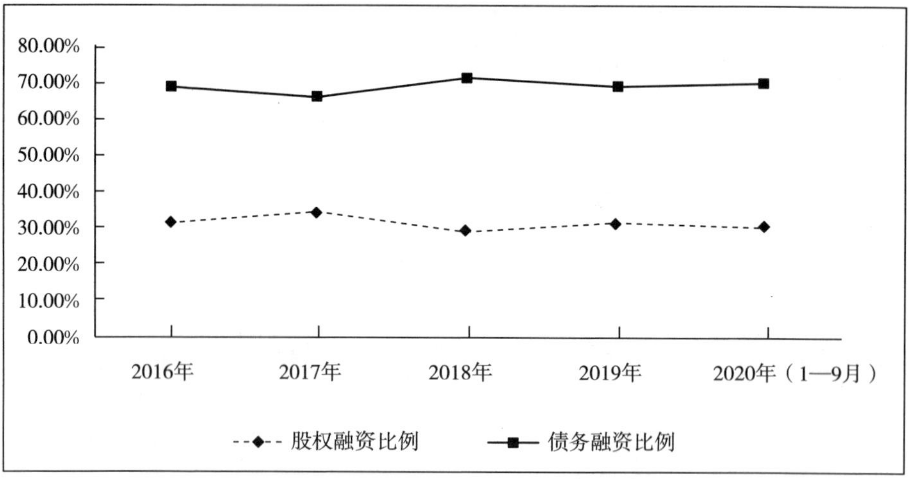

图 5－6　2016 年至 2020 年(1—9 月)江淮的融资占比图

通过研究分析发现，江淮债务融资占比大，股权融资占比小，对政府政策和财政补贴较为依赖。在 2016 年至 2020 年(1—9 月)期间，2018 年的长期负债率最高，长期负债占比为 19.39%，长期负债率的增高给江淮带来了一定的债务偿还风险。政府的财政补贴使得营运亏损的江淮屡次扭亏为盈，甚至连年盈利增长。按照我国当前的会计准则，当企业获得财政补贴时，无论何种性质最终会对当期损益产生影响，对企业利润都会有一定的改善作用。政府的补助对江淮近几年的盈利贡献很大，随着新能源补贴政策的持续退坡，江淮将面临更大的挑战。

二、奇瑞

(一)奇瑞新能源汽车发展现状

奇瑞是国内最大的集汽车整车、动力总成和关键零部件的研发、试制、生产和销售为一体的自主品牌汽车制造企业。2016 年 8 月，奇瑞在 2016 年中国企业 500 强中排名第 450 位。2019 年，奇瑞在“一带一路”中国企业 100 强榜单中排名第 90 位。

奇瑞于 2000 年开始研发新能源汽车，是国内最早研发新能源汽车的公司，其产品开发历程见表 5－7 所列。

表 5－7　奇瑞新能源产品开发历程

年　份	开发历程
2001 年	承担“十五”“863 计划”课题项目
2003 年	第一期“863 计划”混合动力轿车、纯电动轿车通过验收
2004 年	申报国家“863 计划”，并获科技部批准
2007 年	A5BSG 出租车示范运营
2009 年	M1EV 纯电动汽车下线
2012 年	M1EV 立项开发获得国家创新工程
2014 年	艾瑞泽 7PHEV 立项开发
2017 年	奇瑞小蚂蚁 eQ1 上市
2017 年	艾瑞泽 5E 上市
2018 年	瑞虎 3xe 上市
2019 年	2019 款小蚂蚁上市
2020 年	10 万元级纯点 SUV 全新瑞虎 E 上市

自 2019 年 6 月新能源汽车财政补贴退坡之后，奇瑞新能源汽车销量受到影响，2019 年奇瑞新能源汽车销量目标为 10 万辆，实际完成 4.7 万辆，目标完成率为 47%。2020 年 1—11 月奇瑞新能源汽车销量为 34613 辆。具体如图 5－7 所示。

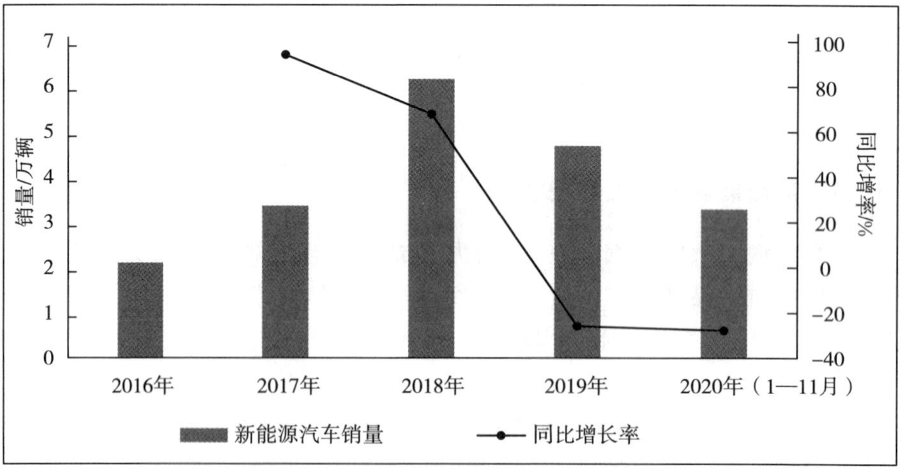

图 5-7　2016 年至 2020 年(1—11 月)奇瑞新能源汽车销量及同比增长率图

(二)奇瑞新能源汽车的优势和劣势分析

奇瑞新能源汽车具有众多优势。第一,奇瑞新能源汽车的销量将继续保持增长,其市场份额有望进一步提高。第二,奇瑞新能源汽车技术基础雄厚,研发投入不断增加,技术处于新能源汽车领先地位。奇瑞是国内较早进行新能源汽车研发的企业之一,早在 2014 年其专利授权数和拥有数量在全球新能源行业里面就排名第三了。作为国内首批获得新能源汽车生产许可证的汽车企业,奇瑞从 1999 年开始进行节能与新能源汽车研发,先后承担了 30 余个国家"863 计划"的节能与新能源汽车重大项目,因此奇瑞在新能源汽车领域已经有了坚实的基础,这无疑对奇瑞新能源的发展有着巨大的推动力。第三,其产品丰富,更新换代速度较快。奇瑞的 eQ 和 eQ1 在市场上销量都较高,其中 eQ 在 2008 年 9 月份销量位居所有新能源汽车销量的榜首,这与奇瑞产品研发能力强是分不开的。第四,政府政策的支持。政府在资金、用地等方面都大力支持奇瑞的发展。

但是,奇瑞的发展也存在不少困境。第一,地理位置的局限性。奇瑞位于芜湖市,相较于合肥市,在经济、政治、文化上还有着一定的劣势,并且芜湖市整车产业并不发达,产业链规模较小且开放度与招商力度不足,这对于奇瑞的发展是不利的。第二,核心技术研发投入不足。奇瑞每年按销售收入的 3%～5%投入研发,与国内发达地区相比还有差距。在产品开发途径方面,自主研发也大大低于外商独资企业,开发新产品的能力弱,处于被动研发,难以在新产品的开发速度和质量方面满足要求。第三,乘用车充电基础设施不足。芜湖市现有乘用车充电桩总量并不足,充电难的问题比较突出,因此芜湖市新能源汽车整车产业链的发展受到一定的限制，而奇瑞作为芜湖市新能源汽车的龙头企业，受到的影响也是巨大的。

(三)奇瑞投资现状分析

由于奇瑞没有上市，因此本节对奇瑞的分析有别于江淮和安凯。近年来奇瑞一直将主要资金投到产品开发上，而未来几年，公司在产品开发方面的投入将继续保持较高比例。奇瑞是具有“双资质”的新能源车企，也为新能源汽车行业输送了大量专业人才。

奇瑞一直将产品开发放在首位，奇瑞部分投资情况见表 5-8 所列。根据第一电动网的数据显示，奇瑞 eQ 系列 2019 年累计销量为 39401 辆，eQ1 系列 2018 年的销量为 26729 辆，若以此销售规模为口径计算，仅这款车型享受的国家补贴收入就将减少 7.22 亿元至 10.64 亿元。

表 5-8 奇瑞部分投资情况表

年　份	2016 年	2017 年	2018 年	2019 年	2020 年	2021 年
产品开发投资/亿元	2.16	4.16	4.32	4.80	4.37	4.72
技术投资/亿元	0.28	0.10	0.25	0.49	0.54	0.25
固定资产投资/亿元	0.86	1.81	2.20	2.97	0.37	0.42
小　计	3.30	6.07	6.77	8.26	5.28	5.39

三、安凯

(一)安凯新能源汽车的发展现状

安凯是专业产销各类高、中档，大、中、轻型客车及汽车零部件的企业，公司是国家级高新技术企业、国家创新型试点企业、国家级管理现代化企业，是最早进入新能源商用车研发领域的企业之一，聚焦纯电动客车、插电式混合动力客车、氢燃料客车、整车控制系统、电驱动系统、动力锂电池集成六大技术研发重点。安凯新能源客车车型品种丰富，共有 15 种。安凯新能源汽车主要为中大型产品，是安徽省的龙头企业。2019 年，安徽省科技厅发布“2018 年安徽省百强高新技术企业名单”，安凯再次榜上有名。

2020 年 1 月至 11 月，安凯新能源客车累计销量为 2133 辆，相比 2019 年累计销量 2625 辆减少 492 辆，如图 5-8 所示。国内新能源客车月销售量走势图如图 5-9所示。

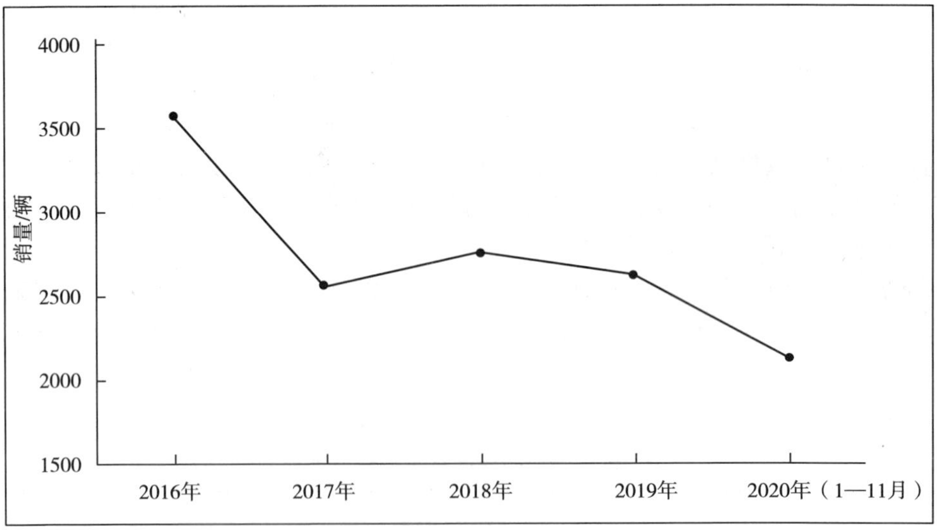

图 5-8　2016 年至 2020 年(1—11 月)安凯新能源客车的销量图

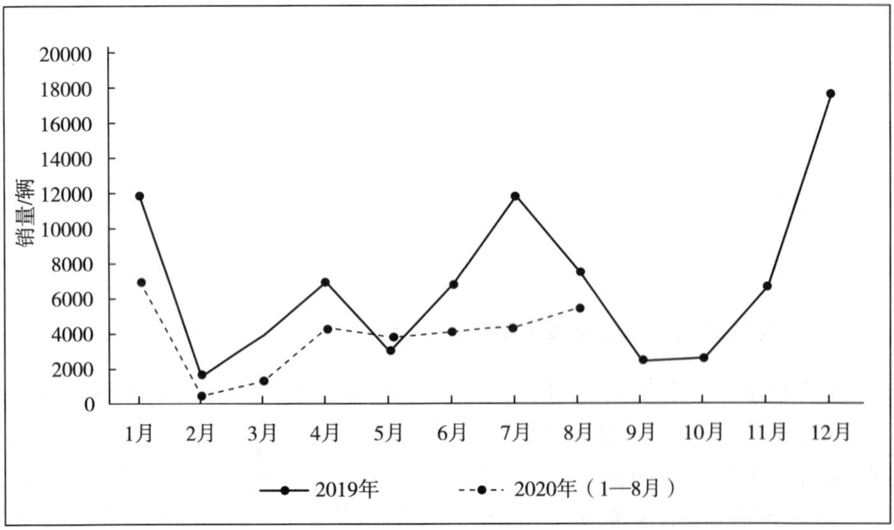

图 5-9　国内新能源客车月销售量走势图

(二)安凯新能源汽车的优势和劣势分析

安凯新能源汽车具有众多优势。第一,在技术上,安凯是全国最早一批进入新能源商用车的车企之一,也是我国客车领域第一梯队的客车生产企业,因此其具有较好的新能源商用车技术和研发基础。第二,安凯在安徽省公交客车等商用车市场处于垄断地位,安徽省几乎所有公交客车都采用安凯的新能源纯电动客车,而且安徽省对其财政补贴力度较大。第三,车型品种齐全,能适用于多种市场。第四,产学结合能力较强,安凯与国内外高校、科研院所联合成立科研机构,开展前沿共性技术研究,开展产学研合作共 11 项,带动行业领先的科研成果转化。第五,安徽省政府的大力支持。安徽省"十三五"汽车和新能源汽车产业发展规划中重点市场包括公交车领域,重点发展中大型插电式混合动力产品,这对于安凯新能源汽车发展的帮助无疑是巨大的。

但是安凯新能源汽车的发展依然面临着以下困境:第一,新能源汽车销量的下滑,2020 年 1 月至 11 月,安凯新能源汽车累计销量 2133 辆,排名全国第八。第二,市场过于集中,安凯新能源汽车的销售对象大部分是安徽省的公交车市场,尤其是合肥市的公交车市场,随着公交车市场的饱和,如果安凯新能源汽车不打开其他市场,有可能面临销量的进一步下滑。第三,过度依赖政府补贴,2019 年安凯获得的新能源财政补贴约为 12.42 亿元,粗放的补贴政策和行业的过度无序增长也带来了许多问题,如核心技术缺失、部分企业利用政策漏洞骗补等,已经成为新能源汽车产业发展的障碍。

(三)政府财政补贴和相关支持

安凯每年都会获得不同类型和数额的政府补贴,如节能减排补助、国家新能源汽车推广应用补贴资金、失业保险稳岗返还金等,这些政府补贴主要为地方政府补贴。2020 年安凯获得的财政补贴明细见表 5-9 所列。

表 5-9 2020 年安凯获得的财政补贴明细表

金额/万元	补贴性质
101.04	与资产相关的政府补贴
1215.02	与收益相关的政府补贴
21927.00	新能源汽车推广应用补贴资金
1212.50	与资产相关的政府补贴
653.94	与收益相关的政府补贴
209.00	借转补资金
2464.08	与收益相关的政府补贴

国家这几年一直大力支持并鼓励高科技企业的发展,对新能源汽车主要给

予基于所得税的税收优惠政策。安凯被认定为高新技术企业后，就可以得到政府给予的优惠税率。我国企业执行企业所得税的标准：符合高新技术企业标准的企业，所得税标准为15%。新能源汽车符合高科技行业标准，实施15%的税率政策。

从表5-10可以看出，2019年补贴金额最多，为12.42亿元，同比增加22.00%。2016—2020年安凯客车获得的财政补贴趋势如图5-10所示。

表5-10 2016—2020年安凯获得的补贴规模表

年份	2016年	2017年	2018年	2019年	2020年
补贴金额/亿元	2.33	7.91	10.18	12.42	2.78
增加金额/亿元	—	5.58	2.27	2.24	−9.64
增加幅度/%	—	239.48	28.70	22.00	−77.62

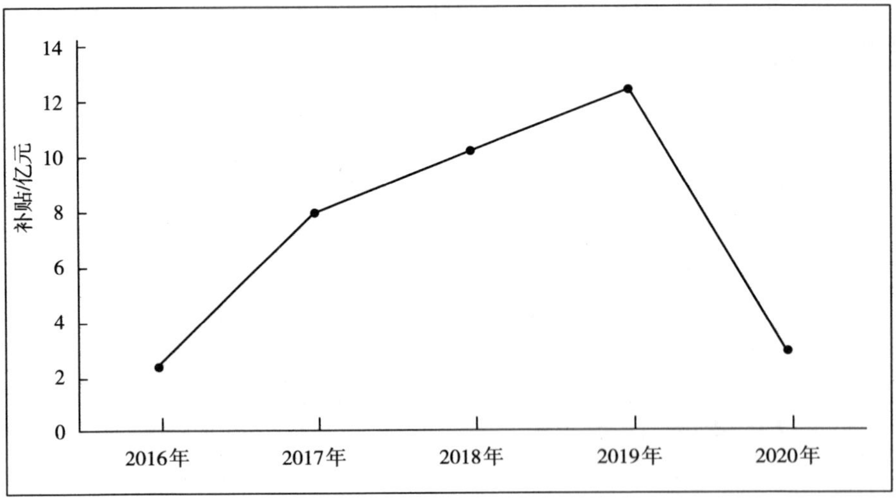

图5-10 2016—2020年安凯客车获得的财政补贴趋势图

(四)安凯新能源汽车销售环节补贴情况

我国政府主要从车企和消费者两个方面对新能源汽车给予财政补贴：一方面对新能源汽车企业的研发进行补贴，另一方面政府直接对消费者进行补贴。这样的财政补贴增加了消费者对新能源汽车的购买欲望并提高了新能源汽车的边际消费倾向。

2020 年安凯全年收到的政府财政补贴为 2.78 亿元。由图 5 - 11 可看出，2017 年至 2020 年(1—11 月)安凯新能源汽车销量与财政补贴金额的变化趋势略有不同。近年来，随着“一带一路”倡议的不断推进，以安凯为代表的众多中国汽车品牌积极“走出去”，2019 年 9 月，安凯 A6 客车批量出口韩国并在当地被投入使用。一直以来，韩国汽车市场基本被本土汽车品牌垄断，此次安凯能够打入韩国市场，一方面与自身优质的产品品质有关，另一方面也离不开国家的财政政策。

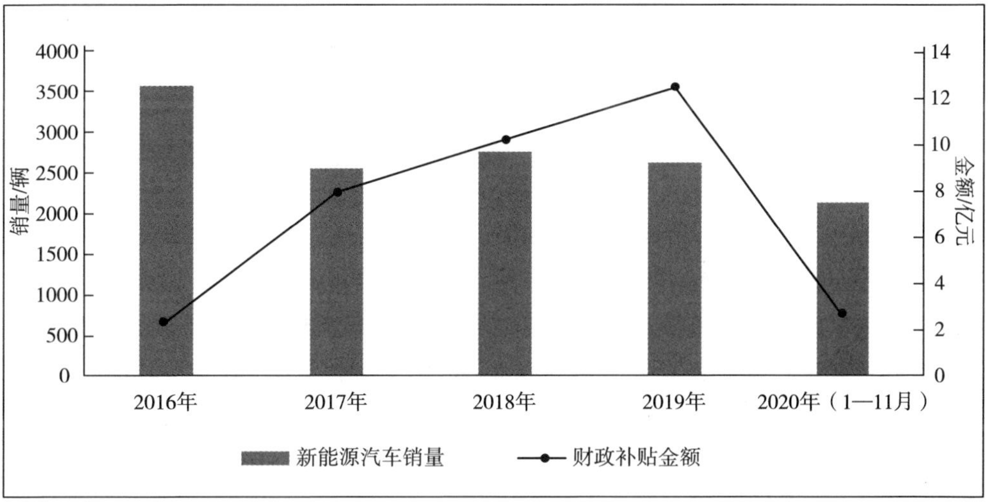

图 5 - 11　2016 年至 2020 年(1—11 月)安凯财政补贴金额与新能源汽车销量对比图

(五)安凯融资结构

根据统计数据得知，截至 2020 年 9 月 30 日，安凯的资产负债率为 83.64%，2018 年和 2019 年安凯相对应的资产负债率分别为 93.63%、90.38%，资产负债率偏高(见表 5 - 11)。这种情况说明了安凯缺乏资金，在如今比较严的新能源政策和金融政策下，可能会给企业偿还负债带来一定的风险。

表 5 - 11　2016 年至 2020 年(1—9 月)安凯资产负债率表

年　份	2016 年	2017 年	2018 年	2019 年	2020 年(1—9 月)
资产负债率/%	83.79	85.71	93.63	90.38	83.64

由图 5 - 12 可以看出，安凯以流动负债为主，2020 年 1—9 月的流动负债率占比为 87.12%，长期负债率占比为 12.88%。从 2017 年开始，流动负债率呈波动下降的趋势，长期负债率呈波动上升的趋势，这给安凯带来了债务偿还风险。

从内源融资上来看，2015—2019 年安凯内源融资分别为 26336.47 万元、

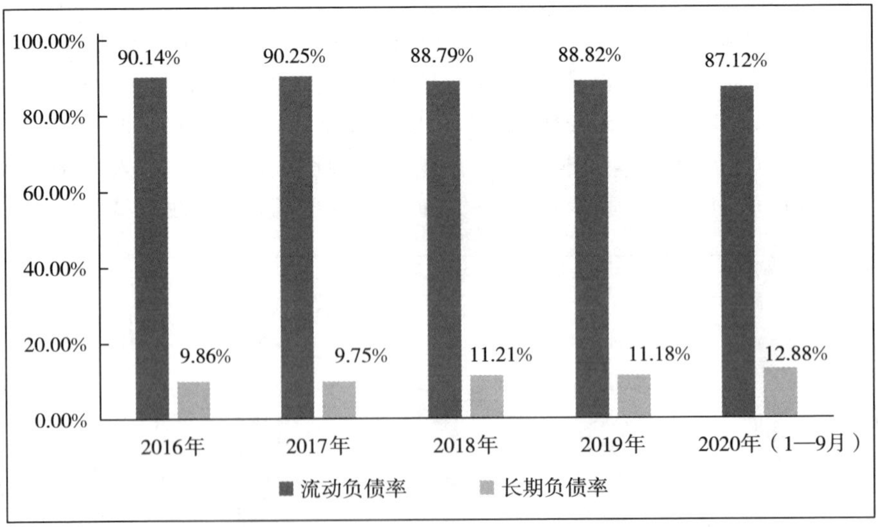

图 5-12　2016 年至 2020 年(1—9 月)债务期限结构图

31618.63 万元、8026.97 万元、－82413.07 万元、－79376.22 万元(见表 5-12)。2015—2017 年股本(实收资本)未发生变化，股本为 69556.56 万元，2018 年股本变为 73332.92 万元(2019 年和 2018 年股本相同)。

表 5-12　2015—2019 年安凯内源融资表

年　份	2015 年	2016 年	2017 年	2018 年	2019 年
留存收益/万元	19621.9	23365.83	350.57	－88983.36	－85621.3
折旧/万元	6714.57	8252.8	7676.4	6570.29	6245.08
内源融资/万元	26336.47	31618.63	8026.97	－82413.07	－79376.22

2016 年至 2020 年(1—9 月)，安凯客车债务融资比例先上升后下降，由 2016 年的 83.79%上升到 2018 年的 93.63%，又下降到 2020 年(1—9 月)的 83.64%，如表 5-13、图 5-13 所示，过高的债务融资比例加大了企业破产的风险。

表 5-13　2016 年至 2020 年(1—9 月)安凯客车融资占比表

年　份	2016 年	2017 年	2018 年	2019 年	2020 年(1—9 月)
股权融资比例/%	16.21	14.29	6.37	9.62	16.36
债务融资比例/%	83.79	85.71	93.63	90.38	83.64

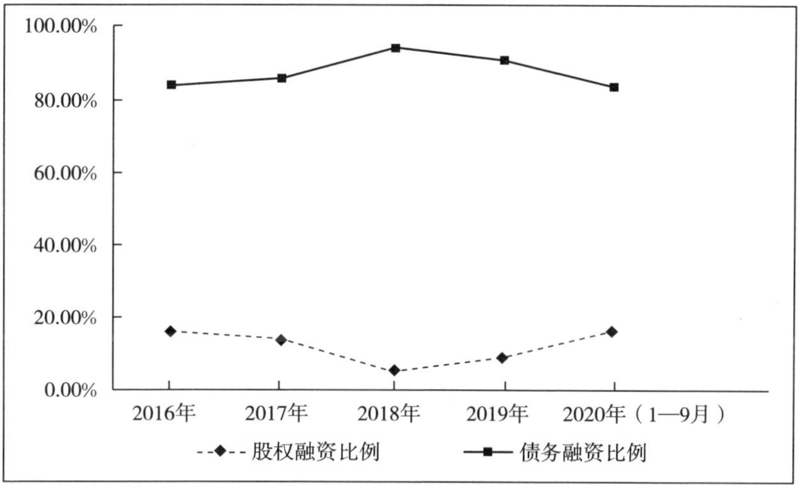

图 5-13 2016 年至 2020 年(1—9 月)安凯融资占比曲线图

通过研究分析发现，安凯债权融资过大，对政府的政策和财政补贴过于依赖，政府的财政补贴使得营运亏损的安凯屡次扭亏为盈。2016 年安凯的股权融资比例为 16.21%，到 2018 年降低到 6.37%，2020 年(1—9 月)股权融资占比回升至 16.36%；内源融资由 2015 年的 2.63 亿元波动下降到 2019 年的－7.94 亿元，企业内部融通的资金逐渐减少。安凯的融资结构不合理，国家一旦出台关于货币、金融市场等的宏观调控政策，就会对安凯造成较大的影响。政府的补助对安凯近几年的盈利贡献很大，随着新能源补贴政策的持续退坡，安凯将面临更大的挑战。

四、安徽省新能源汽车中游整车行业未来发展模式

(一)中外合资模式下的新能源汽车领域

国家发改委和商务部联合发布了《外商投资准入特别管理措施(负面清单)(2020 年版)》，说明引入国外先进的技术，与国外具有先进技术的车企合作，激发市场活力，已成为未来安徽省新能源车企发展的趋势之一。2017 年 6 月，德国大众与安徽江淮合作成立了合资企业，合作开发新能源汽车。

(二)新能源汽车智能化模式

新能源汽车行业吸引了大量新兴企业加入，随着无人驾驶技术被看作汽车

行业的未来趋势，互联网技术企业与车企的合作也越来越普遍，智能、信息网、自动化这些理念正在走向千家万户。如果说无人驾驶汽车从设计到制造都向未来看齐，那么新能源汽车则是凭借“起步晚”的优势抢先踏入了科技前沿的领域。汽车行业发展至今，功能化趋势愈发凸显，网联技术就是这种多维度延伸的支线之一。新能源汽车的制造商为了抢占市场高地，均已布局了先进的辅驾系统，对接成熟的智能网科技，内嵌传感器、雷达等新型配套零部件，致力于为产品增添更多附加价值。

(三)政企合作模式——新能源汽车产业园

新能源汽车领域的合作不局限于汽车企业之间，政企合作的模式也值得研究。各地政府对新能源这一战略性新兴行业给予了大力扶持，最重要的方式之一就是设立新能源汽车产业园，吸引外省新能源汽车项目落地本省。安徽省有多地规划了新能源汽车产业园，如奇点智能新能源汽车产业园、菱北新能源汽车配套产业园等。吸引外来车企落户本省有助于在新能源汽车市场产生“鲶鱼效应”，增强本土企业的竞争意识，同时对新能源汽车行业的集聚效应和规模效应具有促进作用，能加速新能源产业技术升级，促进企业之间的有效合作，完善新能源汽车产业链。例如奇点汽车与安徽省铜陵经济技术开发区签署了奇点智能新能源汽车产业园项目，安庆市正在建设新能源汽车配套产业园项目。

五、安徽省新能源汽车中游整车行业发展的优势及困境

(一)安徽省新能源汽车中游整车行业发展的优势

(1)安徽省新能源汽车行业政策的全力支持。作为传统的汽车大省，对于新能源汽车行业，各级政府都出台了大量的支持政策。

(2)安徽省新能源汽车行业技术基础雄厚，规模不断扩大。经过10多年的持续研发和生产，安徽省已初步形成较完善的产业链，奇瑞、江淮和安凯3家自主品牌汽车企业分别在乘用车、商用车、客车领域各有建树，车型较齐全。同时，安徽省拥有整车系统、2个国家级工程技术研究中心、1个国家级新能源汽车重点实验室及2个国家级整车企业技术中心，初步掌握了整车设计、系统集成、整车电控、电机驱动、电池管理以及混合动力耦合等关键技术，并形成了产业化能力。

(3)新能源汽车产销规模增长迅速，车型齐全，其中奇瑞和江淮的产销量在全国排名前十。

(二)安徽省新能源汽车中游整车行业发展的困境

(1)新能源车企仍存在巨大的资金缺口,融资渠道较少,如奇瑞投入新能源汽车的资金主要来源于公司内部、政府支持和本地银行的贷款。

(2)整车和关键零部件技术水平有待进一步提高。安徽省目前初步掌握动力电池、电机、整车电控等技术,通过小批量示范考核验证了技术的可行性,且单体零部件的技术指标已经处于国内先进水平。但从目前来看,实现新能源汽车及零部件产业化需要解决的问题很多,如车辆减重问题、安全性保证问题、实现电池等关键零部件的技术突破等。有关专家认为,由于在关键零部件的系统化和模块化程度、技术指标等方面与国外先进水平有较大差距,安徽省新能源汽车还缺少进一步产业化的技术能力。

(3)对政策的依赖程度高。安徽省是最早一批发展新能源汽车的省份之一,也是对新能源汽车行业支撑力度较大的省份之一,一旦政策力度减弱或政策消失,安徽省新能源汽车行业将面临较大的政策风险。

第六章　安徽省新能源汽车下游行业情况分析

一、充电桩等配套基础设施行业

(一)充电桩建设现状

作为新能源汽车推广的重要保障,国家一直在大力推动充电设施的布局。新能源汽车的配套设施是新能源汽车发展的重要基础,安徽省作为全国新能源汽车的重要生产基地和消费市场,也积极加强充电桩等配套设施的建设,截至 2020 年 7 月,安徽省拥有公共充电桩 28281 个,全国排名第七,见表 6 - 1 所列。

表 6 - 1　截至 2020 年 7 月全国公共充电桩排名表(前十名)

排　名	省(自治区、直辖市)	数量/个	排　名	省(自治区、直辖市)	数量/个
1	广东省	68265	6	浙江省	33815
2	上海市	66514	7	安徽省	28281
3	江苏省	60909	8	河北省	23913
4	北京市	58887	9	湖北省	20095
5	山东省	34752	10	福建省	18229

截至 2020 年,安徽省新能源汽车充电基础设施建设良好,投资主体实现多元化,国有、民营、外资企业等各类社会资本都参与了充电基础设施的建设和运营,形成了车企主导、运营商主导、分时租赁等多种建设运营模式并存的格局。

有关数据显示,安徽省充电桩主要集中在合肥和芜湖两地。截至 2020 年 12 月,合肥共拥有 600 多个充电站、1 万多个公共充电桩,其中直流桩(快充)4000 多个、交流桩(慢充)6000 多个。

(二)安徽省内配套充电设施建设规划目标

为贯彻落实《国务院办公厅关于加快电动汽车充电基础设施建设的指导意见》

《电动汽车充电基础设施发展指南(2015—2020 年)》,安徽省先后出台了《安徽省人民政府办公厅关于加快电动汽车充电基础设施建设的实施意见》《安徽省国土资源厅关于支持电动汽车充电基础设施建设有关工作的通知》等政策性文件,还制定了《电动汽车充电站及充电桩技术规范》等地方标准,为充电基础设施的发展提供了保障。安徽省能源局等部门在 2017 年 8 月 9 日印发了《安徽省电动汽车充电基础设施建设规划(2017—2020 年)》。安徽省按充电桩充电功率给予一次性补贴,交流充电桩每千瓦 200 元、直流充电桩每千瓦 300 元。申报充电桩补助的公司已建成充电桩不低于 100 个,或直流充电桩不低于 8 个。对住宅小区居民购买新能源汽车,属地物业服务企业为其建设充电桩提供便利服务并通电的(新能源汽车车主需取得停车位所有权或使用权),给予物业服务企业 1000 元/桩的一次性财政补助。

合肥、芜湖作为国家新能源汽车推广应用试点城市,是安徽省充电基础设施的重点发展地区,安徽省内充电桩类型分布占比情况如图 6-1 所示。合肥、芜湖在充电设施的规划方面做了重点布局安排:公共充电桩与电动汽车比例不低于1∶7,城市核心区公共充电服务半径小于 0.9 千米。其余各市公共充电桩与电动汽车比例不低于1∶12,城市核心区公共充电服务半径力争小于 2 千米,鼓励有条件的地区参照试点城市配置标准开展建设。

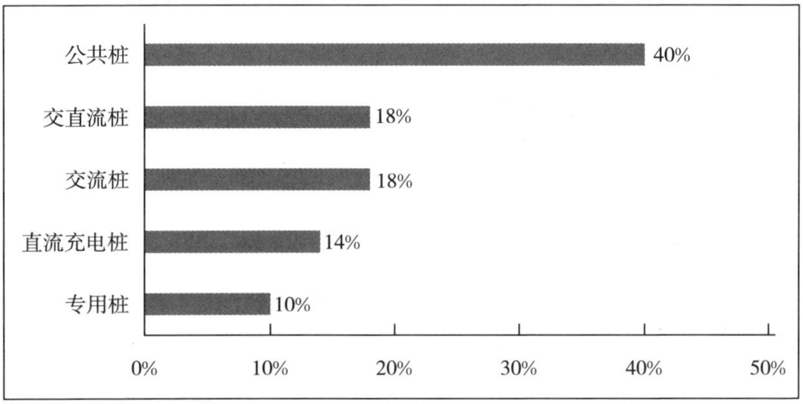

图 6-1　安徽省内充电桩类型分布占比图

(三)存在的问题和建议

安徽省的充电基础设施建设虽然取得了一定的进展,但是客观问题依然存在。例如受车位、物业等多种因素影响,城市用户居住地的充电基础设施建设较难推进,同时,城市整体配电工作与充电设施建设的协调规划不够,一旦充电设施全面铺开，可能会导致供电稳定性产生一定波动，从而影响居民正常用电。此外，配套的政策不够完善，统一的管理服务平台尚未建立，政府缺乏有效监督和管理手段，同时，充电基础设施对资金量需求庞大，对社会资本的吸引还不够充分。

为推动充电设施的进一步建设，保障新能源汽车市场的健康持续发展，给出以下建议：①各部门统一协调，加快政策指导意见的落地，避免政策“碎片化”；②规范设施建设运营管理，加强充电基础设施建设安全管理，施工建设应由具备相应建筑机电安装工程专业承包资质的单位实施，相关配网建设应由具备相应电力安装资质的单位实施；③加快配电网改造升级，做好与城市配电网络的衔接和协调，以免全面铺开后对居民的正常用电造成影响；④制定激励性的分时用电价格政策，以使新能源汽车充电设施的使用可以错开高峰期，建立智能信息管理服务平台，整合现有资源建设全省充电基础设施信息管理服务平台，加强全省充电设施建设的运营监督管理，引导各充电运营商之间实现充电服务平台开放共享，促进车桩充电接口、充电交易结算支付、充电服务信息的互联互通；⑤完善财政金融政策，落实国家充电基础设施建设财政奖励政策，争取国家专项建设基金、中央基建投资资金对充电基础设施建设运营的支持，盘活社会资本，大力综合运用公私合营方式，鼓励社会资本设立充电基础设施发展专项基金，支持充电基础设施企业发行债券。

二、动力电池回收行业

(一)动力电池回收现状

2016—2019 年，国内动力电池的出货量分别为 30.8 吉瓦·时、44.5 吉瓦·时、65 吉瓦·时和 71 吉瓦·时，2019 年我国动力电池出货量同比增长 9.2%，相比 2018 年，增长速率有所放缓，主要是受新能源汽车市场产销量下降的影响。2019 年我国新能源汽车产量为 117.7 万辆，同比下降 3.4%。从动力电池出货量及装机量的差距来看，2017—2019 年装机量占出货量的比例逐渐稳定，且比例呈减小趋势，在环保要求及政策规范等因素的促使之下，构建回收动力电池机制的呼声愈来愈高。而自 2009 年起，我国已相继颁布数十项政策来支持电池回收的商业化。在政策的鼓励支持下，大量企业纷纷布局动力电池回收产业，其回收流程如图 6-2 所示。而近期的相关研究报告指出，动力电池回收行业将在近两年迎来爆发式发展。据统计，2019 年全球动力电池回收市场规模约为 15 亿美元，动力电池回收市场空间巨大，预计 2025 年左右，动力电池回收行业规模还将继续扩大，大概能够达到 122 亿美元。图 6-3 为 2015—2020 年我国动力电池回收市场规模情况。在国内市场，根据工信部公布的《新能源汽车废旧动力蓄电池综合利用行业规范条件》，虽然全国首批仅有 5 家企业能拆解动力电池，但有公开数据显示，截至 2020 年 5 月，国内经营范围含“电池回收”的企业数量已经达到了 3000 家，仅 2019 年就有超过 700 家的新增企业。动力电池回收企业见表 6-2 所列。

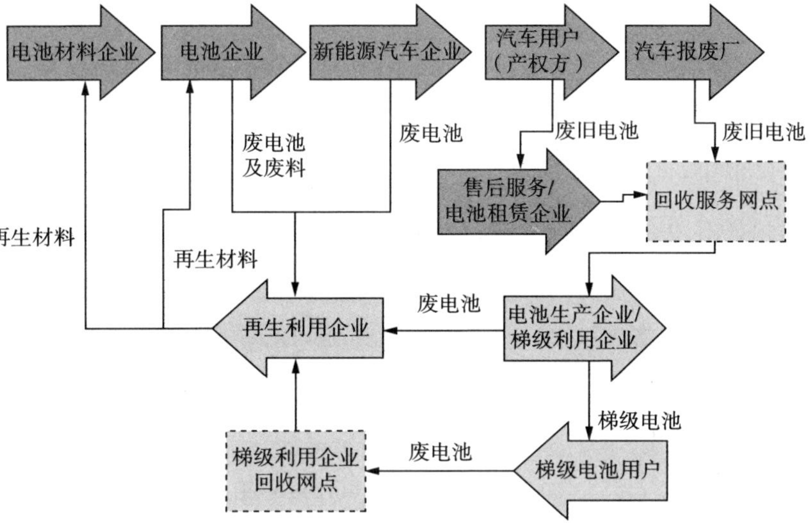

图 6-2　动力电池回收流程图

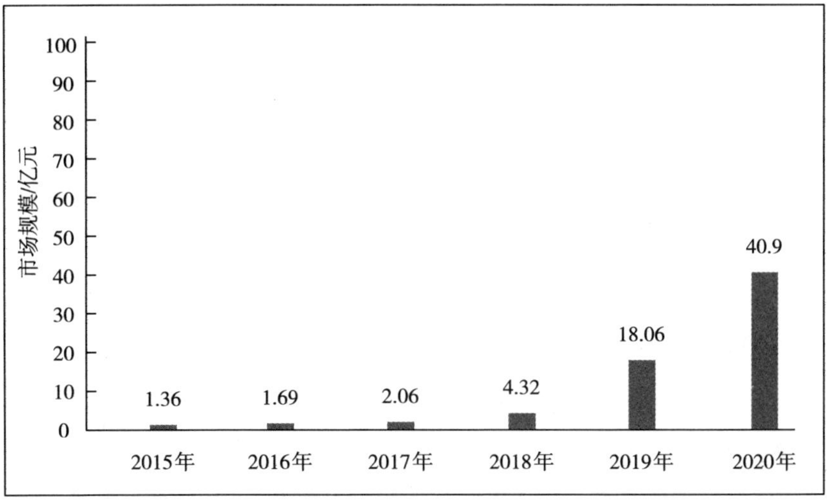

图 6-3　2015—2020 年我国动力电池回收市场规模情况图

表 6-2 动力电池回收企业表

企业类型	代表企业	具体活动
第三方回收企业	格林美股份有限公司	与比亚迪、宝马等中下游企业建立了稳定的回收渠道
	湖南邦普循环科技有限公司	
电池厂商	中航锂电科技有限公司	自建动力电池回收示范线，铜铝金属回收率高达 98%，正极材料回收率超过 90%
	合肥国轩高科动力能源股份公司	2017 年，建成日处理 2000 安时电池的资源化回收小试线，以及日处理 2000 只电芯的电池拆解资源回收中试线，同年与兰州金川科技园有限公司分别出资 5000 万元在安徽、甘肃成立两家电池资源循环利用技术公司
	深圳市比克电池有限公司	2015 年投资 2 亿元自建废旧新能源汽车拆解及回收再利用项目，可综合处理 2 万辆报废汽车及 3 万吨动力电池
	骆驼集团股份有限公司	2018 年 3 月公告，拟投资 50 亿元在湖北省谷城县建设动力电池梯次利用及再生产业园项目，占地 1 平方千米左右，预计于 2025 年达到年回收处理量约 30 万吨废旧动力电池的能力及相应的正极材料生产能力，实现年产值约 75 亿元
锂电池材料企业	江西赣锋锂业股份有限公司	拟设立全资子公司，投资 1200 万元建设含锂金属废料回收循环利用项目，预计达到年处理利用锂、钴、镍等废料量 5000 吨的循环生产能力
	浙江华友钴业股份有限公司	对韩国再生金属原料加工企业 TMC 公司的 70%股权进行收购，拟加大对资源循环业务的投入，并期望加快资源循环业务的发展
	南京寒锐钴业股份有限公司	出资 1 亿元设立全资子公司，主营锂电池、磁性材料等废旧金属的回收、加工利用等，建设锂电池废料回收和湿法冶炼生产线项目

市场上动力电池的回收量远低于预期，2018 年市场动力电池回收量为 5472 吨，数码电池的回收量为 10.63 万吨，相比较整个锂电池报废市场，回收量仍没有达到预期。

(二)安徽省内的发展情况和代表性企业

2018 年工信部等 7 部门联合发布的《关于组织开展新能源汽车动力蓄电池回收利用试点工作的通知》(工信部联节函〔2018〕68 号)确定了 17 个地区及中国铁塔股份有限公司(以下简称“中国铁塔公司”)为新能源汽车动力蓄电池回收利用试点地区和企业，安徽省成功入选试点地区。根据试点方案，安徽省将按照政府引导、市场主导的原则，到 2020 年，实现“1234”的总体目标（即组建 1 个动力蓄电池回收利用产业联盟，构建动力蓄电池回收及溯源 2 个体系，搭建动力蓄电池评估、交易和研发等 3 个平台，打造 4 家标杆企业，包括梯次利用标杆企业和综合利用标杆企业），建设一批示范项目，建立覆盖安徽、辐射周边省份的回收网络，形成完善的动力蓄电池回收利用体系，形成一定规模的综合利用处理能力。尽管在工信部颁布的《新能源汽车废旧动力蓄电池综合利用行业规范条件》第一批企业名单中，安徽省并无企业入选，但安徽省有部分企业在动力电池回收利用产业中已经有了一定的布局。安徽动力电池回收的代表性企业详见表 6－3 所列。

国轩高科作为专业的锂电池生产企业，也作为安徽省新能源汽车领域的龙头企业，早在 2012 年就开展了 1.3 兆瓦纯电量和 4.4 兆瓦集装箱式纯电量的梯次利用项目，此后国轩高科一直保持对电池回收和梯次利用技术、市场的开发。2017 年 8 月，国轩高科与兰州金川科技园有限公司合资，在合肥设立了安徽金轩科技有限公司（以简称“安徽金轩”），安徽金轩主要从事动力锂电池的生产，特别是以磷酸铁锂、锰酸锂为正极的锂离子电池的回收、拆解、处理等全流程服务。2018 年 1 月，国轩高科与中国铁塔公司签订了关于新能源汽车动力蓄电池回收利用合作伙伴协议。2018 年 3 月，国轩高科在投资者互动平台表示，公司已就电池综合回收项目成立相关公司，正在建设回收利用产线。2018 年 7 月，国轩高科已经在庐江布局了锂电池回收产线，正在申请电池回收示范点。

表 6－3　安徽省动力电池回收的代表性企业表

公司名称	业　务
合肥国轩高科动力能源股份公司	电芯资源回收线
安徽金轩科技有限公司	以磷酸铁锂、锰酸锂为正极的锂离子电池的回收、拆解、处理等
安徽巡鹰新能源集团有限公司	锂电池材料的梯次利用及拆解设备

除了国轩高科这样的龙头企业，安徽省内从事动力电池回收的企业还有安徽巡鹰新能源集团有限公司（以下简称“安徽巡鹰公司”），该公司专门从事新型锂电池、材料及电芯梯次利用的生产与经营，是国内较早对锂电池拆解设备进行研发、生产与销售的技术型企业。2013 年安徽巡鹰公司开发的锂电池梯次利用产品生产并上线，进而被销售推广到全国。2017 年，安徽巡鹰公司投资 5000 万元专注锂电池材料的梯次利用及拆解设备的研发与生产，真正实现新能源动力电池全生命周期的价值，同年公司与安徽国投城市资源循环有限公司达成长期战略合作（国投的部分业务也涉及动力电池循环利用）。2018 年，安徽巡鹰公司与专门从事新型锂离子电池及其材料的研发、生产和经营的国轩高科达成战略合作，双方将发挥各

自在锂电领域的资源优势，共同深耕动力电池回收梯次利用这一领域。

从时间点来看，未来几年是动力电池行业发展的关键时期，安徽省发展动力电池将面临着机遇和挑战并存的局面。机遇在于安徽省入选试点地区，根据文件要求，回收责任将全面落到整车企业上，在未来，安徽省的几家车企如安凯、江淮、奇瑞等，将会成为各自销售的新能源汽车动力电池回收的主要负责人，但电池大部分都是采购于第三方的，车企本身并不生产电池，因而对于回收的电池，车企自身是无法处理的，需要和第三方（专门的电池回收企业）合作，因此动力电池回收的基本先天条件是具备的。挑战在于电池对环境的影响较大，动力电池回收行业将会执行严格的行业标准和门槛，在没有本地企业入围首批动力电池回收企业白名单的情况下，未来将越来越难入围，本地企业成为行业标杆的机会也越来越难得。因此，安徽省应当紧紧抓住这两年黄金发展期，大力支持相关企业进行技术研发和产能提升，并鼓励企业之间进行合作，才能在未来的动力电池产业中分一杯羹。

第七章　新能源汽车行业融资模式与特点

一、总体融资特点

（一）融资需求涉及行业多，规模大

新能源汽车行业作为国家节能减排的重要组成部分，早在“十二五”规划中就被列为加快培育和发展的七大战略性新兴产业之一，其上游涉及动力电池和原材料、驱动电机和控制器等核心组件的生产和制造，中游涉及整车制造，下游涉及充电桩等基础设施的建设以及电池的回收利用等，其产业链涉及的领域十分广泛，而各个节点均需要大量的资金投入以推动行业建设。

2020 年新能源产业链投资扩产项目共有 103 个，其中 97 个公布了投资金额，投资总额逾 3719.65 亿元。其中，锂电池投资项目 28 个，26 个公布了投资金额，投资总额逾 1820.23 亿元；正极材料、上游原材料及铝箔投资项目 15 个，13 个公布了投资金额，投资总额逾 291.22 亿元；负极材料及铜箔投资项目 8 个，其中 7 个公布了投资金额，投资总额约 254.01 亿元；隔膜投资项目 5 个，均公布了投资金额，投资总额约 68.33 亿元；电解液投资项目 7 个，均公布了投资金额，投资总额达 61.77 亿元；新能源汽车、零部件、充换电领域投资项目 24 个，均公布了投资金额，总额达 909.52 亿元；氢能领域投资项目 7 个，其中 6 个公布了投资金额，投资总额逾 222.75 亿元；锂电设备及其他领域投资项目 9 个，均公布了投资金额，投资总额逾 91.82 亿元。

受新冠肺炎疫情等因素影响，国外在动力电池、电池材料及设备领域的扩产体量小，滞后于需求。2020 年，国内以出口为导向的高端化扩产项目明显增加，一、二线产业链企业加速全球布局：蜂巢能源科技有限公司欧洲电池工厂正式选址德国，总投资 20 亿欧元；正威国际集团有限公司拟投 200 亿元建设正威新能源全球总部基地、华中区域供应链总部、年产 50 吉瓦·时动力电池产业园、年产 50 万吨无钴超晶格新型正极材料产业园、新能源联合研究院项目。2020 年锂电池领域投资情况见表 7－1。

表 7-1　2020 年锂电池领域投资情况表

序　号	投资主体	投资金额	项目概述
1	合肥国轩高科动力能源股份公司	73.06 亿元	募集资金净额将用于国轩电池年产 16 吉瓦·时高比能动力锂电池产业化项目、国轩材料年产 30000 吨高镍三元正极材料项目以及补充流动资金
2	江苏中兴派能电池有限公司	15 亿元	5 吉瓦·时锂离子电池及系统生产基地项目
3	广东达志环保科技股份有限公司	10.73 亿元	本次非公开发行募集资金将用于锂离子动力电池(2.4 吉瓦·时)建设项目和高性能动力电池研发中心项目
4	惠州亿纬锂能股份有限公司	25 亿元	投资建设储能电池项目及动力电池项目
5	惠州亿纬锂能股份有限公司	25 亿元	扣除发行费用后将投资于面向 TWS 应用的豆式锂离子电池项目、面向胎压测试和物联网应用的高温锂锰电池项目、三元方形动力电池量产研究及测试中心项目和补充流动资金
6	山西易高新能源有限公司	16 亿元	锂离子动力电池项目
7	宁德时代新能源科技股份有限公司	200 亿元	募集资金主要用于宁德时代新能源科技股份有限公司湖西锂离子电池扩建项目，江苏时代新能源科技有限公司动力及储能锂离子电池研发与生产项目(三期)，四川时代新能源科技有限公司动力电池项目一期、电化学储能前沿技术储备研发项目和补充流动资金
8	洲际油气股份有限公司	13.6 亿元	用于电池技术国际科创中心项目、高能量密度微型电池产业化项目、高倍率快充电池暨新能源汽车 48 伏启停电源产业化项目和偿还借款
9	天能动力国际有限公司	36 亿元	本次拟发行的募集资金对应的投资专案、绿色智慧制造技改专案拟投入募集资金 8.39 亿元；高能动力锂电池电芯及 PACK 项目拟投入募集资金 8.52 亿元；大容量、高可靠性启停电池建设项目拟投入募集资金 4.33 亿元，全面数位化支撑平台建设专案拟投入募集资金 3.13 亿元；国家标准技术中心创新能力提升项目拟投入募集资金 1.63 亿元；补充流动资金 10 亿元
10	格林美股份有限公司	30 亿元	募集资金净额将用于投资绿色拆解循环再造车用动力电池包项目、三元动力电池产业链项目、补充流动资金

（续表）

序　号	投资主体	投资金额	项目概述
11	深圳市雄韬电源科技股份有限公司	10 亿元	雄韬锂电池生产基地项目
12	湖南新敏雅新能源科技有限公司	—	与衡阳弘湘国有投资集团有限公司、祁东县城乡建设投资开发有限公司等投资建设新能源动力电池产业园
13	正威国际集团有限公司	200 亿元	投资建设正威新能源全球总部基地、华中区域供应链总部、年产 50 吉瓦・时动力电池产业园、年产 50 万吨无钴超晶格新型正极材料产业园、新能源联合研究院项目
14	江西易事特新能源科技有限公司	1 亿元	与宁德时代新能源科技股份有限公司设立合资公司——新能易事特有限公司，生产、制造、销售储能 PACK 相关的产品
15	宁德时代新能源科技股份有限公司	390 亿元	拟在四川省宜宾市临港经济技术开发区内投资扩建动力电池宜宾制造基地项目；拟在福建省宁德市、福鼎市投资建设锂离子电池福鼎生产基地；拟在江苏省溧阳市中关村高新区内投资建设江苏时代动力及储能锂电池研发与生产项目（四期）
16	江苏蔚蓝锂芯股份有限公司	12.56 亿元	年产 10 亿安时高安全性、长寿命、高能量密度新型锂离子电池扩建项目
17	保利新能源科技（北京）有限公司	12 亿元	拟在三门峡市城乡一体化示范区建设年产 2 吉瓦・时动力电池项目
18	安徽安瓦新能源科技有限公司	18 亿元	半固态动力电池产业化项目
19	辉能科技股份有限公司	380 亿元	辉能科技大陆区总部及全球产业基地项目
20	上海兰钧新能源科技有限公司	55 亿元	拟在嘉善经开区投建年产 16 吉瓦・时锂离子电池电芯及模组研发、生产和销售基地，并设立兰钧新能源科技有限公司中国区域总部及锂离子电池研究院
21	蜂巢能源科技有限公司	20 亿欧元	德国电芯模组工厂和模组 PACK 工厂

（续表）

序　号	投资主体	投资金额	项目概述
22	LG 化学	5 亿美元	据韩媒报道，LG 化学将向其位于中国南京的锂电池工厂额外投资 5 亿美元
23	横店集团东磁股份有限公司	6.12 亿元	拟在浙江省东阳市横店光伏园区投资新建年产 1.48 亿支高性能锂电池项目
24	孚能科技（赣州）股份有限公司	—	拟与吉利汽车集团合建动力电池工厂
25	比亚迪股份有限公司	60 亿元	新能源动力电池生产基地项目，其中项目一期投资约 30 亿元，年产 10 吉瓦·时动力电池
26	湖南科力远新能源股份有限公司	15 亿元	科力远锂离子电池产业园项目
27	河南平煤阳光能源科技有限公司	10 亿元	年产 1.5 吉瓦·时锂电池项目
28	浙江南都电源动力股份有限公司	14.16 亿元	扣除发行费用后拟全部用于年产 2000 兆瓦·时 5G 通信及储能锂电池建设项目、年产 2000 兆瓦·时高能量密度动力锂电池建设项目、新能源电池研发中心项目、补充流动资金

2020 年新能源正极材料、上游原材料及铝箔投资项目 15 个，其中 13 个公布了投资金额，投资总额逾 291.22 亿元，与 2019 年相比，新能源汽车正极材料、上游原材料、铝箔领域的项目投资金额均缩水 2 倍以上（见表 7－2）。

表 7－2　2020 年新能源正极材料、上游原材料及铝箔投资情况表

序　号	投资主体	投资金额	项目概述
1	广东芳源环保股份有限公司	10.5 亿元	全部投向年产 5 万吨高端三元锂电前驱体和 1 万吨电池级氢氧化锂项目
2	广东道氏技术股份有限公司	17.2 亿元	募资净额将用于年产 3 万吨动力电池正极材料前驱体项目、年产 100 吨高导电性石墨烯、150 吨碳纳米管生产项目、年产 5000 吨钴中间品（金属量）、1 万吨阴极铜的项目以及偿还银行贷款和补充流动资金

（续表）

序　号	投资主体	投资金额	项目概述
3	深圳市德方纳米科技股份有限公司	10亿元	磷酸铁锂生产项目
4	浙江华友钴业股份有限公司	62.5亿元	用于年产4.5万吨镍金属量高冰镍项目、年产5万吨高镍型动力电池用三元前驱体材料项目、华友总部研究院建设项目并补充流动资金
5	融捷股份有限公司	14亿元	投资建设康定绿色锂产业加工区项目
6	山东丰元化学股份有限公司	4.5亿元	用于年产1万吨锂离子电池高镍三元材料建设项目和补充流动资金项目
7	盛屯矿业集团股份有限公司	23.86亿元	募集资金扣除相关发行费用后全部投入以下项目：刚果（金）年产3万吨铜、5800吨粗制氢氧化钴（金属量）湿法冶炼项目及补充流动资金
8	广东道氏技术股份有限公司	75亿元	建设锂离子电池材料全生命周期绿色制造项目，包括年产5万吨动力电池正极材料前驱体、2万吨金属钴盐产品、3万吨金属镍盐产品项目、5万吨废旧锂电池回收再利用项目
9	深圳盛新锂能集团股份有限公司	12亿元	年产3万吨氢氧化锂项目
10	苏州天华超净科技股份有限公司	7.8亿元	电池级氢氧化锂二期建设项目
11	青海泰丰先行锂能科技有限公司	30亿元	年产16万吨高能密度锂电材料智能制造基地项目
12	赣州腾远钴业新材料股份有限公司	21.98亿元	拟募资21.98亿元用于年产2万吨钴、1万吨镍金属系列产品异地智能化技术改造升级及原辅材料配套生产项目二期及补充流动资金
13	北京合纵科技股份有限公司	1.88亿元	西南总部基地及新能源电池正极材料前驱体项目
14	衢州华友钴新材料有限公司	—	锂电材料国际产业合作园项目

（续表）

序　号	投资主体	投资金额	项目概述
15	合肥国轩高科动力能源股份公司	—	年产 3 万吨高镍三元正极材料项目

同时，2020 年新能源负极材料及铜箔投资项目 8 个，其中 7 个公布了投资金额，投资总额约 254.01 亿元（见表 7－3）。

表 7－3　2020 年新能源负极材料及铜箔投资情况表

序　号	投资主体	投资金额	项目概述
1	广东嘉元科技股份有限公司	5.4 亿元	投资建设年产 1.5 万吨高性能铜箔项目
2	远东智慧能源股份有限公司	25.52 亿元	用于光棒、光纤及光缆全产业链建设项目，高精度超薄锂电铜箔项目和补充流动资金
3	上海璞泰来新能源科技股份有限公司	49.59 亿元	投向年产 5 万吨高性能锂离子电池负极材料建设项目、年产 5 万吨锂离子电池负极材料石墨化项目、年产锂离子电池隔膜 24900 万平方米项目、锂电池隔膜高速线研发项目、年产高安全性动力电池用新型涂覆隔膜 50000 万平方米项目，以及补充流动资金
4	湖南中科星城石墨有限公司	10 亿元	建设年产 5 万吨硅碳负极、石墨负极等锂电池负极材料生产基地
5	山河智能装备股份有限公司	50 亿元	年产 10 万吨负极材料及其高端装备应用项目
6	河北坤天新能源科技有限公司	—	年产 5 万吨锂电池负极材料项目
7	广东嘉元科技股份有限公司	13.5 亿元	年产 2 万吨电解铜箔项目
8	深圳龙电华鑫科技有限公司	100 亿元	龙电华鑫锂电铜箔华东总部基地

2020 年新能源隔膜投资项目 5 个，投资总额约 68.33 亿元（见表 7－4）。

表 7－4　2020 年新能源隔膜投资情况表

序　号	投资主体	投资金额	项目概述
1	深圳星源材质科技股份有限公司	10 亿元	在扣除相关发行费用后，拟将 3 亿元用于超级涂覆工厂、4 亿元用于年产 20000 万平方米锂离子电池湿法隔膜项目、3 亿元用于补充流动资金
2	深圳星源材质科技股份有限公司	1.3 亿元	星源材质欧洲工厂一期项目
3	无锡恩捷新材料科技有限公司	50 亿元	15 亿元用于江西省通瑞新能源科技发展有限公司锂离子电池隔膜一期扩建项目，20 亿元用于无锡恩捷新材料产业基地二期扩建，15 亿元用于补充流动资金
4	云南恩捷新材料股份有限公司	1.83 亿元	在匈牙利 Debrecen 投资建设湿法锂电池隔离膜生产线及配套工厂
5	上海璞泰来新能源科技股份有限公司	5.2 亿元	拟出资 5 亿元于四川卓勤，拟出资 2000 万元设立四川极盾新材料科技有限公司

2020 年新能源氢能领域投资项目 7 个，其中 6 个公布了投资金额，投资总额逾 222.75 亿元(见表 7－5)。2021 年是氢能源汽车产业从 0 到 1 的关键一年，产业和相关龙头公司数量有望实现翻倍以上的增长。

表 7－5　2020 年新能源氢能领域投资情况表

序　号	投资主体	投资金额	项目概述
1	山西美锦能源股份有限公司	66 亿元	将用于华盛化工新材料项目、氢燃料电池电堆及系统项目以及补充流动资金
2	鸿达兴业股份有限公司	49.85 亿元	全部用于内蒙古乌海化工有限公司年产 5 万吨氢能项目
3	武汉格罗夫氢能汽车有限公司	88.6 亿元	格罗夫氢能汽车产业园项目
4	安徽全柴动力股份有限公司	7.5 亿元	拟募资投资国六系列发动机智能制造建设(二期)项目、绿色铸造升级改造项目、氢燃料电池智能制造建设项目及补充流动资金

（续表）

序　号	投资主体	投资金额	项目概述
5	张家口交投壳牌新能源有限公司	5.8 亿元	张家口氢能一体化示范基地建设项目
6	四川大陆集团有限公司	—	康迪泰克氢能与燃料电池技术中心
7	上海重塑能源科技有限公司	5 亿元	氢燃料电池发动机产业化基地项目

2020 年新能源电解液投资项目 7 个，投资总额达 61.77 亿元（见表 7-6）。

表 7-6　2020 年新能源电解液投资情况表

序　号	投资主体	投资金额	项目概述
1	广州天赐高新材料股份有限公司	2.75 亿元	年产 10 万吨电解液项目
2	山东石大胜华化工集团股份有限公司	7.25 亿元	年产 5000 吨动力电池材料项目
3	深圳新宙邦科技股份有限公司	11.4 亿元	扣除发行费用后的净额将全部用于海斯福高性能氟材料项目（一期）、惠州宙邦三期项目、荆门锂电池材料及半导体化学品项目（一期）以及补充流动资金
4	安徽瑞泰新材料科技有限公司	12 亿元	扣除相关费用后，将投入波兰华荣新建 Prusice 年产 4 万吨锂离子动力电解液项目、宁德国泰华荣新材料有限公司年产 8 万吨新材料项目、新建实验楼和现有环保设施提升项目、华荣化工智能化改造项目和补充流动资金
5	深圳新宙邦科技股份有限公司	5.25 亿元	海斯福高端氟精细化学品项目（二期）
6	云南云天化股份有限公司	6.47 亿元	与多氟多签约设立合资公司，投资建设 1.5 万吨/年无水氢氟酸，联产 1.5 万吨/年优质白炭黑、5000 吨/年六氟磷酸锂项目，2 万吨/年电子级氢氟酸生产装置及配套设施项目，其中一期项目投资约 6.47 亿元

（续表）

序　号	投资主体	投资金额	项目概述
7	广州天赐高新材料股份有限公司	16.65 亿元	扣除发行费用后的资金全部投向其锂电材料及日化材料等项目

2020 年新能源汽车、零部件、充换电领域投资项目 24 个，总额达 909.52 亿元（见表 7－7）。

表 7－7　2020 年新能源汽车、零部件、充换电投资情况表

序　号	投资主体	投资金额	项目概述
1	北京汽车集团有限公司	103 亿元	新能源汽车技术创新园与动力电池产业园项目
2	四川野马汽车股份有限公司	15.15 亿元	年产 6 万辆新能源乘用车建设项目
3	北京新能源汽车股份有限公司	27.21 亿元	北京高端智能生态工厂建设项目
4	中国燃气控股有限公司	11.52 亿元	电动汽车、电动自行车充电桩项目
5	深圳京泉华科技股份有限公司	3.66 亿元	1.94 亿元用于新能源车载磁性元器件生产建设项目，7255.74 万元用于 5G 通信磁性元器件自动化生产建设项目，其余用于补充流动资金
6	北汽福田汽车股份有限公司	22 亿元	与北京公交集团共同出资设立北京福田欧辉新能源汽车有限公司
7	江西金力永磁科技股份有限公司	7.18 亿元	用于年产 3000 吨新能源汽车、3C 领域高端磁材项目和补充流动资金
8	北京合纵科技股份有限公司	10.06 亿元	扣除本次发行费用后的净额将全部用于配用电自动化终端产业化项目、新能源汽车充电桩设备制造项目、配电物联网研发中心建设项目和补充流动资金
9	深圳奥特迅电力设备股份有限公司	8 亿元	扣除发行费用后的募集资金净额将投入电动汽车集约式柔性公共充电站建设运营示范项目及补充流动资金

（续表）

序 号	投资主体	投资金额	项目概述
10	易事特新能源科技有限公司	14.5 亿元	投入易事特运营总部及技术中心、5G 产业智能制造技改建设、新能源汽车充电站建设及运营，补充流动资金和偿还银行贷款
11	精进电动科技股份有限公司	20 亿元	将用于投资高中端电驱动系统研发设计、工艺开发及试验中心升级项目、新一代电驱动系统产业化升级改造项目、信息化系统建设与升级项目以及补充营运资金项目
12	深圳欣锐科技股份有限公司	3.5 亿元	新能源车载电源智能化生产建设项目总投资约 3.5 亿元，拟募集资金投入 2.8 亿元，剩余 7000 万元用于补充流动资金
13	中北润良新能源汽车股份有限公司	70 亿元	锂电新能源产业基地项目
14	硅谷天堂产业集团股份有限公司	50 亿元	新能源汽车换电网生态一体化项目
15	安徽江淮汽车集团股份有限公司	9.98 亿元	新能源乘用车车身零部件建设项目
16	东风汽车集团股份有限公司	210 亿元	此次上市所募集资金主要用于全新品牌高端新能源乘用车、新一代汽车和前瞻技术开发以及补充运营资金三大方向
17	国家电网有限公司	27 亿元	据国家电网宣布，2020 年公司充电桩投资达 27 亿元，新建充电桩 7.8 万个
18	浙江众帮新能源科技有限公司	32 亿元	年产 10 万辆新能源专用车项目
19	江苏公爵新能源汽车有限公司	100 亿元	年产 50 万辆新能源汽车产业园项目
20	威马汽车科技集团有限公司	55 亿元	全球研发中心项目

（续表）

序　号	投资主体	投资金额	项目概述
21	一汽解放集团股份有限公司	9.98 亿	一汽解放新能源轻卡基地项目
22	法诺集团控股有限公司	75 亿元	新能源汽车重卡及其产业链基地项目
23	南京越博动力系统股份有限公司	12.78 亿元	新能源汽车动力系统基地
24	开沃新能源汽车集团股份有限公司	12 亿元	新能源专用车生产基地项目

2020 年新能源锂电设备及其他领域投资项目 9 个，见表 7－8 所列。

表 7－8　2020 年新能源锂电设备及其他领域投资情况表

序　号	投资主体	投资金额	项目概述
1	福建星云电子股份有限公司	4 亿元	扣除发行费用后拟全部用于新能源汽车电池智能制造装备及智能电站变流控制系统产业化项目、锂电池电芯化成分容设备及小动力电池包组装自动线设备生产线项目、信息化系统升级建设项目，以及补充流动资金
2	无锡先导智能装备股份有限公司	25 亿元	扣除发行费用后用于先导高端智能装备华南总部制造基地项目、自动化设备生产基地能级提升项目、先导工业互联网协同制造体系建设项目、锂电智能制造数字化整体解决方案研发及产业化项目，以及补充流动资金
3	深圳市海目星激光智能装备股份有限公司	8 亿元	募资投入激光及自动化装备扩建项目、激光及自动化装备研发中心建设项目
4	徐州科利达电控科技有限公司	13.86 亿元	募资将用于惠州动力锂电池精密结构件新建项目，以及补充流动资金
5	徐州科利达电控科技有限公司	1.4 亿欧元	科利达在 2020 年陆续宣布，将在德国、瑞典和匈牙利设立子公司，并分别投资 6000 万欧元、5000 万欧元和 3000 万欧元

（续表）

序　号	投资主体	投资金额	项目概述
6	苏州安洁科技股份有限公司	15 亿元	募集资金将用于智能终端零组件扩产项目、新能源汽车及信息存储设备零组件扩产项目、总部研发中心建设项目以及补充流动资金
7	浙江杭可科技股份有限公司	6.72 亿元	前沿能源电池装备技术研发及配套部件加工线扩产项目
8	苏州斯莱克精密设备股份有限公司	2.8 亿元	拟在西太湖科技产业园投资建设汽车动力锂离子电池壳项目
9	格林美股份有限公司	5.28 亿元	新能源高值化循环利用项目

2020 年新能源产业链投资扩产项目虽然在数量上与 2019 年、2018 年相差不大，但是投资总额与前两年相比大幅缩水。2019 年，国内新能源产业链投资扩产项目总计 108 个，其中 100 个项目公布了投资金额，总计约 7419.53 亿元。2018 年，国内 100 个新能源电池产业链投资扩产项目（不包含氢能领域投资）投资总额逾 5710 亿元。投资规模的缩水，一方面是受整体经济下行压力及行业竞争压力的影响，另一方面，也在一定程度上反映了新能源产业链投资更加趋于理性的现状。由此可见，新能源汽车行业的建设投资规模、融资需求之大。

（二）资金回收周期长

作为战略性新兴行业之一的新能源汽车行业，无论是技术攻关、生产基地建设、产能提升，还是市场推广，都需要充足的资本作为支撑，只有持续大规模的资本投入才能满足企业的巨大需求。我国新能源汽车的研发仍处于产品的初级阶段，研发周期长且资金回笼慢，课题组在奇瑞调研所得的资料显示，一款新车型上市平均需要 2～3 年的时间，且有一定开发失败风险，这意味着在该项目的初始 2～3 年内，不可能有任何资金回报，且存在投资损失的风险。此外，充电桩和充电站等基础设施的建设需一次性投入巨额资金，但充电服务的价格低廉，因此资金回拢亦十分漫长。

虽然现阶段各地政府仍然对新能源汽车进行补贴，但是补贴资金到位的周期也十分漫长。国家补贴政策从 2016 年起对新能源汽车提出了运营里程要求，只要不是私人购买的和作业类专用车，累计行驶里程必须达到 3 万千米以上才能申请补贴，虽然最终 2019 年出台的补贴政策被修改为从注册登记日起 2 年内运行不满足 2 万千米的不予补助，并在清算时扣回预拨资金，但是补贴资金回笼仍然较慢，这让资金周转紧张的新能源车企感到十分吃力。这意味着融资给补贴依存度较高的企业，资金将面临长期被占用，无法在短期内转化为投资回报的情形。因此，新能源汽车行业融资需求旺盛，资金回收周期长也成了新能源汽车行业融资需求的特征之一。

（三）巨大前景与风险并存

汽车行业对国家经济的重要性不言而喻，世界上的经济强国无一不拥有强大的汽车工业。由于历史原因，在传统燃油车领域，我国一直无法实现对传统汽车强国的赶超。而新能源汽车作为未来趋势，其技术积累劣势相对较少，我国有实现“弯道超车”的希望。一旦该行业从探索期步入稳定期，则前期布局和投资将带来难以估量的收益。

与巨大前景并存的是巨大风险，新能源汽车行业面临的风险既来自市场，也来自国家和政府层面。

首先，新能源汽车市场的未来发展方向存在一定的不可预知性。在我国新能源汽车的“三纵三横”战略中，虽然在国内最主流、发展最成熟的是纯电动汽车，当前新能源汽车行业的主要技术以及配套设施建设也围绕着纯电动汽车展开，但是主流观点始终认为，燃料电池车（尤其是氢燃料电池车）是新能源汽车的终极解决方案。原因在于燃料电池车相比纯电动车型而言，有安全、便捷和零污染排放等优点，同时氢气的可再生性决定其不存在枯竭的可能，而我国工业副产氢产量丰富，工业化提纯技术成熟，随着制氢、储氢技术的进步，一旦燃料电池汽车的成本下降到一定程度，燃料电池汽车便有望取代纯电动汽车，那时针对纯电动车投入（技术研发投入、生产基地以及生产线布局、充电桩设施的建设与运营等）的资金将沦为沉没成本，投资资金将难以被收回。

其次，政策层面的波动也给行业融资增加了不确定性，过去几年政府对新能源汽车企业给予了大量的补贴，极大地推动了新能源汽车的市场推广和企业的发展，仅 2013—2015 年中央财政就拨付补贴、奖励资金 284.44 亿元。但 2018—2019 年出台的补贴新规对补贴政策作出了调整，一是提高了补贴的门槛，对低续航里程的新能源汽车减少了补贴的力度，对高续航里程的新能源汽车加大了补贴力度；二是调整了补贴的重点领域，明确提到从 2015 年到 2020 年，对其他新能源汽车的补贴逐年递减，唯独对燃料电池车的补贴不变。对于以纯电动车型为主的国内新能源车企来说，一旦补贴退坡甚至被取消，相关企业将面临困境，投资者将遭受损失。

最后，新能源汽车行业投资还存在来自其他方面的风险。例如，国家发改委和商务部联合发布的《外商投资准入特别管理措施（负面清单）（2018 年版）》规定 2018 年取消专用车、新能源汽车外资股比限制，可以预见国内新能源汽车即将面临外企的激烈竞争，外部的不确定性将大幅度压缩国内新能源车企的盈利空间。另外，产能过剩以及政策非连续性的风险也不得不警惕。由于引入新能源汽车项目会给地方政府的政绩增添亮点，因此近几年来新能源项目“遍地开花”，各个省内随处可见新能源汽车产业园，这样有可能导致两个极端：一是产能过剩；二是地方政府换届导致的政策非连续性，使得新能源汽车项目半途而废。无论是哪种极端情形，都将导致极大的资源和资金浪费。

二、分产业链环节融资特点分析

新能源汽车行业的发展是以新能源汽车整车需求为核心展开的，上、中、下游各个环节的特点导致不同的企业融资需求也存在差异。本小节分析产业链各个环节融资特点以及较为适合的融资模式，下一小节将对本节提及的典型融资模式进行简要介绍。

上游行业的融资特点：上游行业包括电机电控和动力电池等行业，涉及新能源汽车的核心零部件，其市场规模与新能源整车企业的市场规模深度绑定，决定了其产能提升的需求与整车制造行业保持较高的同步率，同时“三大电”体现了新能源汽车的核心技术，因此也属于技术密集型行业。总结起来，以电机、电控和动力电池为代表的上游行业的融资特点是资金的投入主要以满足“技术研发＋产能提升”目的为主。若以研发关键技术的突破为目的，通常较为适合的是科创类产业投资基金以及“投贷联动”模式；若企业将取得技术领先的产品通过提升产能向市场推广，则更为适合的是产业发展基金等模式。

中游行业的融资特点：中游整车制造企业是整个新能源产业链的核心，整个新能源汽车产业链的投资规模需以中游汽车制造行业为轮廓进行估算。中游的新能源汽车制造行业涉及生产基地建设、生产线安装、产品研发和测试、产能提升、市场推广等各个环节。整车制造的成本高，从而导致资金规模较大，融资需求多样化，因此整车制造行业最适合以产业基金模式为主体、多种融资方式相结合的模式给予金融支持。同时由于地方的新能源汽车产业园和产业基地建设多为企业和地方政府合作项目，地方政府在产业园建设中需要投入一定资金进行前期建设，而地方政府在财政资金压力较大的情况下可通过发行地方债进行融资，或采用 PPP（公私合作）模式推动项目建设。

下游行业的融资特点：上游发展影响新能源汽车供给，下游发展影响新能源汽车需求，对于动力电池和充电桩建设与管理等，需要规划先行、提前布局，要有一次性的初始投入以及持续性的后续资金跟进，才能有效保障新能源汽车市场需求平稳释放。同时新能源汽车下游行业具有一定的公共服务和公益属性，充电设施的建设和维护运营成本较高，民营资本难以独立地参与其中，因此该领域的发展融资需要政府和政策性资金以多种方式介入并给予支持。笔者认为，对于充电桩和充电站等配套基础设施建设，适宜采用PPP模式来推进；而动力电池回收领域未来几年处于增长关键期，推荐企业采用绿色债券等绿色金融方式进行融资。

三、新能源汽车行业可行的融资渠道

在分析新能源汽车行业总体以及各个行业的融资特点和需求的基础上，本小节将对前面所提及的几种典型融资方式进行介绍。

（一）银行信贷

我国的金融体系以银行为主要支柱，因此，银行贷款也是我国大多数企业最主要、最常见的融资方式。按贷款期限划分，银行贷款可以分为短期贷款（期限为1年及以下）、中期贷款（期限为1年至5年）和长期贷款（期限为5年以上）。短期贷款通常融资规模较小，用于支持企业日常经营的资金周转，如流动资金贷款。相对于短期贷款，中长期贷款的数额通常较大，且用于特定的项目（如基本建设、技术改造、并购等）。结合新能源汽车行业的融资特点以及新能源车企的融资需求，投放到新能源汽车行业的信贷资金一般以中长期贷款为主。新能源汽车行业的发展无法离开银行信贷这一常见的融资支持模式，但仅仅依靠银行信贷的支持是远远不够的。新能源汽车行业融资需求巨大，且存在巨大的投资风险，而银行经营有严格的风险控制程序，这决定了银行信贷在新能源汽车行业中无处不在但又难以充当主力。在“三去一降一补”以及“防范金融系统性风险”的背景下，商业银行直接以单一信贷方式投资于新能源汽车的意愿和机会都在缩小，因此许多银行与新能源车企以信贷产品为基础，谋求多样化的金融战略合作途径。近年来主要银行信贷产品支持新能源汽车行业发展状况见表7-9所列。

表7-9　近年来主要银行信贷产品支持新能源汽车行业发展状况表

合作对象	主要合作内容
银行：中信银行股份有限公司 融资方：珠海银隆新能源股份有限公司	中信银行股份有限公司广州分行结合新能源汽车行业的突出特点，积极转变信贷政策，创新业务模式，量身定制融资服务方案，于2017年5月给予珠海银隆新能源有限公司授信超过200亿元

（续表）

合作对象	主要合作内容
银行：兴业银行股份有限公司 融资方：宁德时代新能源科技股份有限公司	兴业银行股份有限公司携手全资子公司兴业租赁与新能源汽车动力电池龙头供应商宁德时代新能源科技股份有限公司签署合作备忘录，在2016年向其提供100亿元授信额度的基础上，拟通过银租联动等产品为其提供300亿元融资，以及包括支付结算、现金管理、投资银行、IPO财务顾问、衍生品交易等在内的综合化金融服务方案；同时，双方还计划建立联合研究小组，积极研究探索电池梯级利用的商业模式，建立二手电池变现或再利用体系，创新风险控制手段，将电池自身打造成合格的风险缓释品
银行：平安银行股份有限公司、中国民生银行股份有限公司 融资方：重庆长安汽车股份有限公司	重庆长安汽车股份有限公司将与平安银行股份有限公司、中国民生银行股份有限公司开展战略合作，融合产业资本和金融资本，以“共同发展、平等互惠、资源共享、优势互补”为宗旨，拟共同建设投资平台，发起千亿级汽车产业基金，布局新能源、智能化、共享出行、汽车金融等新型汽车产业链，为长安汽车“香格里拉计划”中的“千亿行动”提供资金支持
银行：中信银行股份有限公司 融资方：江西嘟师傅信息技术有限公司	江西嘟师傅信息技术有限公司与中信银行股份有限公司赣州分行在章贡区中信银行股份有限公司赣州分行签署江西共享新能源汽车战略联盟合作协议，旨在支持江西嘟师傅信息技术有限公司在新能源汽车和共享汽车等方面的合作，提供综合金融服务，并建立长期稳定的银企战略合作关系；中信银行股份有限公司与江西嘟师傅信息技术有限公司将在融资业务、结算业务、外汇、个人金融服务及新能源建设等方面开展深入的交流和合作，并利用自有的金融资源优先提供全方位的金融产品和服务；中信银行股份有限公司将重点支持赣州市共享新能源汽车、新能源基础设施等重点领域建设
银行：兴业银行股份有限公司 融资方：贵州六朵云新能源汽车科技有限公司	贵州六朵云新能源汽车科技有限公司与兴业银行股份有限公司贵阳分行举行战略合作协议签约仪式，双方就新能源汽车租赁、广告投放、会员发展、产品促销、品牌宣传、金融服务等项目达成了深度共识，将充分利用各自优质资源，实现资源共享和信息融合，共同打造配套完善的新能源智能化综合服务，逐渐形成有贵州特色的独特绿色生态优势产业，促进招商引资，改善区域投资环境，推动贵州省新能源汽车行业升级

（续表）

合作对象	主要合作内容
银行：江苏银行股份有限公司 融资方：北京汽车集团有限公司	江苏银行股份有限公司与国内汽车制造龙头企业北京汽车集团有限公司在北京签署战略合作协议，打造供应链金融服务新样本。此次双方战略合作的范围将从目前的10家子公司扩展到全国范围的成员单位，尤其是北京汽车集团有限公司的新能源车板块，将会成为下一步合作的重点，江苏银行股份有限公司将以此为北京汽车集团有限公司提供更全面的综合金融服务
银行：中国农业银行股份有限公司、广东顺德农村商业银行股份有限公司、招商银行股份有限公司、广发银行股份有限公司、兴业银行股份有限公司 融资方：顺德新能源汽车小镇	中国农业银行股份有限公司、广东顺德农村商业银行股份有限公司、招商银行股份有限公司、广发银行股份有限公司、兴业银行股份有限公司与顺德新能源汽车小镇举行的“共建小镇未来”战略合作签约仪式圆满成功。此次签约明确了小镇与银行金融服务合作的方向，为进驻企业的成长搭建优质高效的金融服务环境，为顺德聚集更多优秀企业；该小镇已与顺德产学研机构在人才、技术等领域展开优势互补，与广东顺德西安交通大学研究院、华南智能机器人创新研究院联合建立产学研共享平台
银行：宁波银行股份有限公司、兴业银行股份有限公司 融资方：浙江合众新能源汽车有限公司	浙江合众新能源汽车有限公司将与宁波银行股份有限公司、兴业银行股份有限公司两家银行建立长期战略合作关系，并将在经销商融资、消费信贷、融资租赁、绿色金融、供应链金融、资金结算、综合授信等业务领域与各方开展全面合作，共同拓展新能源汽车消费金融的新市场；未来，上述两家银行将依托自身雄厚的资本实力，为浙江合众新能源汽车有限公司提供量身定制的多层次、多领域、全方位、个性化的综合金融服务方案

（二）产业基金模式

本书所提到的产业基金概念涵盖了以社会资本为主的产业投资基金和以政府为主导的产业发展基金。

产业投资基金通常由投资机构设立，一般是由具有高增长潜力的未上市企业进行股权或准股权投资，并参与被投资企业的经营管理，以期所投资企业发育成熟后通过股权转让实现资本增值，这些基金也常被称为“风险投资基金”。新能源汽车行业若干子行业具有高技术密度、高风险以及高投资回报的特点，这些行业将会受到投资基金的追捧，最典型的成功案例为蔚来汽车科技有限公司（以下简称“蔚来汽车”)在各家风险投资机构支持下最终在美国上市。

产业发展基金是地方政府基于产业建设的需要主导成立的,是用于实现产业政策目标的基金。例如,蔚来汽车与湖北长江产业基金的合作属于“行业内高新技术企业+政府引导基金”模式的典型案例,长江产业基金成为蔚来汽车新能源产业发展基金的基石投资人。该基金专注于电动汽车关联产业中处于成长期或成熟期的新能源汽车及科技企业投资,并进行产业化发展。

(三)专项建设基金模式

专项建设基金是国家集中安排用于各类政策性项目的资金。2015 年 9 月,国家为了保持经济平稳增长,提供的有效投资包括 5 个大类的 22 个领域,设立了专项建设基金。国家开发银行和中国农业发展银行向中国邮政储蓄银行定向发行专项债,将所筹集的资金用于建立专项建设基金,作为项目资本金投入。中国邮政储蓄银行发债的利率约为 4%,中央财政贴息给予 90%的贴息,即债券名义成本只有 0.4%,加上税金、手续费、管理费等,企业总体负担的资金成本只有 1.2%左右。近年来,新能源汽车行业受到了国家开发银行和中国农业发展银行发展基金的大力支持。

(四)投贷联动模式

投贷联动具体是指商业银行与创投机构联合实施“银行贷款+股权投资”的一种“债权+股权”的融资模式,即在双方合作全面分析考评融资企业的信用和经营财务状况的前提下,由商业银行提供贷款,创投机构提供股权投资,两者共同对科技型中小企业进行资金支持。投贷联动在欧美发达国家已经发展得较为成熟,典型的成功案例主要有美国的硅谷银行模式和英国的中小企业成长基金模式。国内投贷联动模式根据股权融资的主体的不同主要分为三种:一是“银行+VC/PE”模式,二是“银行+境外子公司”模式,三是“银行+其他机构”模式。其中“银行+VC/PE”模式是国内商业银行探索投贷联动的主流模式,如中国民生银行股份有限公司的“投贷通”、兴业银行股份有限公司的“投联贷”、上海浦发银行股份有限公司的“投贷宝”、江苏银行股份有限公司的“投融贷”、北京银行股份有限公司的“投贷联动合作联盟”等产品均采用上述模式与风险投资机构开展投贷联动。

通过投贷联动,不仅能够解决新能源汽车相关企业的融资难题,支持企业创新,以股权收益弥补信贷资金风险损失,还能让银行在分享企业成长的收益时实现自身的转型升级。此外,对政府而言,投贷联动将成为政府推动创新驱动战略实施的有效抓手,这是一种三方共赢的金融创新模式。

投贷联动的模式主要应用于科创企业。对于新能源汽车行业,投贷联动模式应当主要被用以支持技术密集型企业的研发工作，不建议用来支持企业扩大产能等项目，安徽省并未成为投贷联动试点，但依然可以提前布局，考察有潜力的高技术企业，重点支持其在关键技术领域（如燃料电池、智能网联系统等）取得突破。

（五）地方政府债券

汽车行业一直是地方政府招商引资的重点，而新能源汽车环保、绿色的特性会给地方的经济、就业、产业升级和环境治理带来极大的改观。2017 年一整年，全国各地有意建设或在建的新能源汽车项目，投资总额已超 4000 亿元，规划年产能 1200 多万台。进入 2018 年，新能源汽车领域众多企业更是加大了扩厂投产的步伐，这些新能源汽车建设项目大多以新能源汽车产业园或新能源汽车生产基地的形式存在，地方政府前期需要投入部分资金进行基地和园区的基础设施规划建设，在 2014 年以前，地方政府不允许发债，只能通过地方性融资平台进行融资，使得大量隐性地方债务难以被管理。而新的预算法赋予了省级地方政府发行地方债的权利，因此可以通过发行地方政府专项债券来解决新能源汽车产业园区建设的前期资金投入问题。同时产业园和产业基地建设一般由地级市政府甚至县级政府牵头，但发行债券的权力在省级政府，因而存在财权和事权错配的情况，省级政府应当给予一定的监督和科学规划，避免盲目投资。

截至 2019 年 10 月，从已建成的新能源汽车产业园项目区域分布来看，我国新能源汽车产业园主要分布在环渤海、长三角及湖北地区。河北省、湖北省、天津市、江苏省建成新能源汽车产业园数量均为 17 个，山西省有 10 个，浙江省和广东省均建成 8 个，上海市和广西壮族自治区均建成 7 个，辽宁省建成 6 个。我国主要新能源汽车产业园/生产基地项目见表 7 - 10 所列。

表 7 - 10　我国主要新能源汽车产业园/生产基地项目表

序　号	项　目	投建地址	投资金额
1	国能新能源天津基地	天津市	42 亿元
2	金康新能源重庆基地	重庆市	25.1 亿元
3	银隆天津新能源产业园	天津市	350 亿元
4	河南速达三门峡基地	三门峡市	26.43 亿元
5	FMC 南京基地	南京市	110 亿元
6	浙江中电汽车赣州基地	赣州市	25 亿元
7	广汽智联新能源汽车产业园	广州市	46.94 亿元
8	合众汽车嘉兴基地	嘉兴市	11.57 亿元

（续表）

序　号	项　目	投建地址	投资金额
9	银隆兰州新能源客车基地	兰州市	25 亿元
10	银隆新能源南京产业园	南京市	100 亿元
11	正道集团汕头基地	汕头市	—
12	申龙客车南宁基地	南宁市	30 亿元
13	开沃集团西安基地	西安市	100 亿元
14	珠海银隆新能源产业园	珠海市	195 亿元
15	银隆洛阳产业园	洛阳市	150 亿元
16	迪信通新能源产业园	延安市	30 亿元
17	协鑫同捷汽车苏州基地	苏州市	100 亿元
18	卡威新能源无锡基地	无锡市	73.5 亿元
19	车和家常州基地	常州市	50 亿元
20	御捷清河基地	清河县	18 亿元
21	奇瑞宜宾临港基地	宜宾市	45 亿元
22	长江汽车佛山基地	佛山市	120 亿元
23	申龙客车绵阳基地	绵阳市	30 亿元
24	宝能集团新能源产业园	昆明市	—
25	电咖汽车绍兴基地	绍兴市	55 亿元
26	金龙汽车龙海新能源产业基地	漳州市	100 亿元
27	安源客车玉林基地	玉林市	60 亿元
28	贵航青年莲花安顺基地	安顺市	30 亿元
29	跃迪集团内江新能源汽车产业园	简阳市	55 亿元
30	小鹏汽车肇庆基地	肇庆市	100 亿元
31	一汽解放山东青岛基地	青岛市	—
32	众泰湖北整车生产基地	大冶市	60 亿元
33	北京汽车与戴姆勒打造新豪车生产基地	北京市	119 亿元
34	吉利长兴新建新能源汽车基地	湖州市	326 亿元
35	东风特种商用车华南生产基地	云浮市	—
36	长城汽车重庆永川基地	重庆市	45 亿元

（续表）

序　号	项　目	投建地址	投资金额
37	宝能集团西咸新区新能源汽车生产基地	陕西省西咸新区	400 亿元
38	艾康尼克泰州姜堰区新能源基地	泰州市	150 亿元
39	京威股份秦皇岛新能源基地	秦皇岛市	160 亿元
40	艾康尼克肇庆新能源基地	肇庆市	160 亿元
41	中国公路车辆机械有限公司霸州新能源汽车产业园	霸州市	100 亿元

（六）PPP（公私合作）模式

“PPP”即公共（Public）、私营（Private）、合伙（Partnership）的英文缩写，PPP 模式是一种公共产品和服务的提供模式，即通过政府与社会资本建立长期的契约关系，社会资本按照政府要求的标准生产公共品和准公共品。2016 年，国家能源局发布的《国家能源局关于在能源领域积极推广政府和社会资本合作模式的通知》，指出在能源领域 PPP 模式适用于充电基础设施建设运营，要求各级能源部门将财政补贴向 PPP 项目倾斜。PPP 模式的广泛应用，将在充电基础设施建设项目上成为一种趋势。财政部、政府和社会合作资本中心数据显示，截至 2019 年 11 月，PPP 项目库中关于充电基础设施的项目总数有 7 项，其中正处于执行阶段的有 3 项，准备阶段的有 1 项，项目申报 1 项，土建设备招标采购 1 项，项目设计 1 项。从项目总数和具体实施阶段来看，我国充电基础设施 PPP 项目处于刚起步阶段，发展前景广阔。

国家电动汽车基础设施的发展规划指出，推动充换电、加氢等基础设施科学布局，加快建设，对作为公共设施的充电桩建设给予财政支持。2021 年起，国家生态文明试验区、大气污染防治重点区域的公共领域新增或更新的公交、出租、物流配送等车辆中，新能源汽车比例不低于 80%。在经济下滑的背景下，仅依靠政府和企业任何一方承担加快发展新能源汽车带来的资金压力，都意味着较大的财政资金风险。采用 PPP 模式融资的实质是：政府在仅占用少量财政资金支出的情况下，盘活社会资金来增加公共产品的供给和基础设施的有效建设，而私人企业通过政府给予的私营公司长期的特许经营权和收益权来获得盈利。在此模式下，政府资源与社会资本实现了在禀赋和规模上的优势互补，不仅能够提高公共资源的利用效率，还发挥了社会资金的最大利用价值，增加了社会民众的福利，实现了多方共赢。PPP 项目库中关于充电基础设施的项目详情见表 7 - 11 所列。

表 7－11　PPP 项目库中关于充电基础设施的项目表

序　号	项　目	所处阶段	投资金额
1	安庆市新能源电动汽车充电基础设施项目	执行阶段	81800 万元
2	贵定县甘溪森林公园至螃蟹寨同城化干道建设、贵定县宝花公园、贵定县新能源城市公共交通电动汽车充电站等基础设施建设项目	准备阶段	18220 万元
3	福建泉州市泉港区新能源公交车和充电站设施 PPP 项目	执行阶段	6170 万元
4	岳池县广岳大道入口电动汽车充电基础设施项目	执行阶段	2000 万元
5	乐清市充电基础设施项目	项目申报	20000 万元
6	内江市电动汽车充电桩基础设施建设项目（一期）	土建设备 招标采购	500 万元
7	长沙南站综合交通枢纽公交车充电桩项目	项目设计	1360 万元

（七）绿色金融模式

绿色金融指的是在投资和融资等金融决策中将企业活动对环境的潜在影响程度纳入决策中的金融形式，可理解为“环境友好型金融”。按照金融活动的具体形式，可以表现为绿色债券、绿色信贷、绿色保险、绿色基金和绿色资产支持证券（简称“绿色 ABS”）等不同形式。

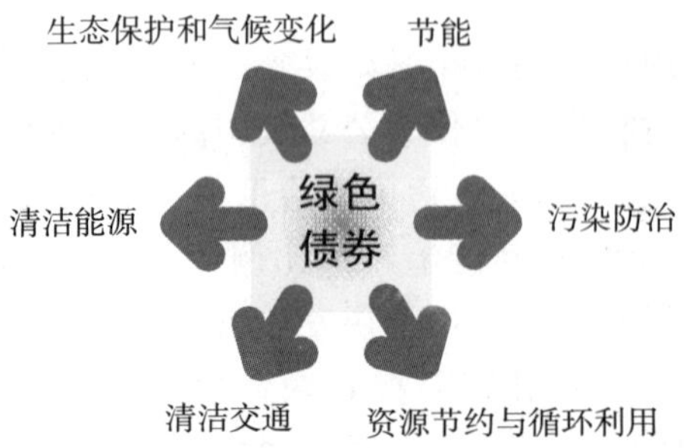

图 7－1　绿色债券支持的六大方向图

所谓绿色债券是企业发行债券融资用于有节能减排特性的生产活动或用于生产环境友好型产品（见图 7－1）。绿色基金是指主要投资于节能环保、清洁能源和清洁交通等产业的专业投资基金。我国绿色基金的发展潜力巨大，全国已设立并在中国基金业协会备案的节能环保、绿色基金共 265 只，且其中有许多是属于省级和市级地方政府支持的绿色基金，如浙江产业基金、广东环保基金以及安徽新安江绿色发展基金等。而新能源汽车行业也是各地政府大力发展的行业，因此绿色基金也可以在支持新能源汽车行业发展中大有所为。

除了以上介绍的几种绿色金融形式之外，绿色ABS也是一种重要的绿色金融形式，尤其是近年来，绿色ABS在新能源汽车行业相关领域有着突出的表现。绿色ABS融资模式是以项目所属的资产为支撑的证券化融资方式，或以项目所拥有的资产为基础，以项目资产可以带来的预期收益为保证，通过在资本市场发行债券来募集资金的一种项目融资方式。在新能源汽车领域，不乏成功运用绿色ABS融资的案例，例如昆山市公共交通集团有限公司利用较为稳定的公交售票的未来收入现金流作为担保，获得融资用于购买新能源汽车，这属于在新能源汽车消费端成功运用绿色ABS的典型；如比亚迪则是利用新能源汽车所获得的未来中央补贴收入作为担保，获得了融资，这对新能源车企具有良好的借鉴作用，对于享受政府补贴的新能源车企来说，可采用这种方式回拢政府的补贴资金，而政府的补贴享有较高的资信水平，相当于无形中为企业提供了较可靠的担保，从而保证了投资资金的安全。因此，绿色ABS未来将很可能继续在新能源汽车融资和新能源汽车的推广上大放异彩。

除此之外，还有一些其他的绿色金融形式，例如绿色信贷，从规模上讲，绿色信贷在所有绿色金融形式中规模最大。新能源汽车行业所需要的融资规模较大，期限较长，而一般商业银行（政策性的银行除外）的授信额度较小且期限较短。不仅如此，商业银行特殊的风控措施也使得仅依靠绿色信贷还难以有效地支持新能源汽车行业。因此，建议开发性金融机构充分运用绿色信贷政策，给予新能源汽车行业充分的支持。同时绿色信贷的业务形式还可以延伸到服务端和购买阶段，也能对新能源汽车行业的发展起到很好的支持作用，例如对新能源汽车销售进行支持，对新能源汽车的购买者提供金融服务，均属于绿色信贷范畴。

第八章　新能源汽车重点领域和企业的融资建议

由于整车制造行业是新能源汽车行业的核心，且上下游的融资需求和规划需要围绕中游整车制造行业展开，因此先对整车制造行业的融资需求进行分析。安徽省新能源汽车行业的重点领域和企业详情如图 8－1 所示。

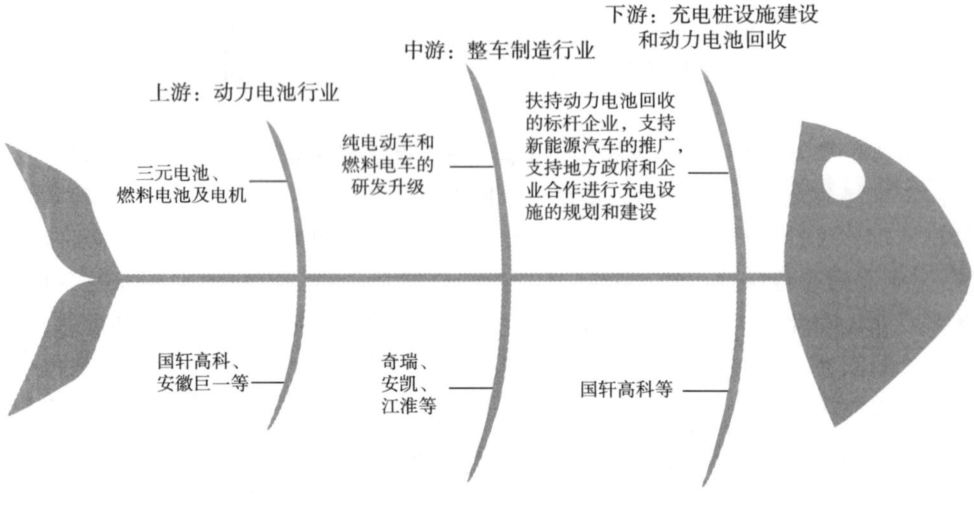

图 8－1　安徽省新能源汽车产业的重点领域和企业图

中游行业：按照《新能源汽车产业发展规划（2021—2035 年）》，到 2025 年新能源汽车新车销售量达到汽车新车销售总量的 20％左右。考虑到现有安徽省新能源汽车的增长趋势，按 25 万辆的实际产销量计算，假设新能源汽车销售主要以省内市场为主，以乘用车主要厂商奇瑞和江淮的主要纯电动车型的平均制造成本计算，同时考虑到主要车企的产能，结合多家车企调研获得的业内人士观点，安徽省新能源整车制造行业投资规模的“天花板”为 400 亿元至 500 亿元。根据奇瑞的工作人员的观点，一般企业利用自有资金投资占比为 25％，那么整车行业的投资规模为 300 亿元至 375 亿元。

上游行业：针对安徽省对新能源上游行业的布局、重点企业的发展现状以及现有项目的投资进展进行预估，动力电池行业现有投资以及短期内的投资计划达

460亿元，同时结合整车行业的投资规模，并考虑电池占整车行业成本的40%～50%，电机和电控总成本占整车的25%，以此为依据调整投资规模口径，同时并适量压缩产能过剩的空间，估计动力电池行业在安徽省的投资额在200亿元左右，电机和电控行业的投资额大概为100亿元。

下游行业：对于充电桩设施的布局建设，安徽省的规划目标是总投资100亿元，2020年建成公共充电桩满足20万辆汽车的充电需求，由于我们预计实际新能源汽车的保有量可能会达到25万辆，以及考虑到基础设施建设的超前性，安徽省规划的目标为公共充电桩与汽车比例不低于1∶7(实际比例更高，合肥大约为1∶3)，经过对测算口径的调整，该行业的资金缺口为70亿元至100亿元。

整体上看，安徽省新能源汽车行业是极具发展前景和投资价值的，但在发展的过程中，也要注意到新能源汽车行业存在的风险，做好全面的风险防范和甄别工作。我们从市场竞争风险、政策风险和产能过剩风险这三个方面对投资给予风险提示。

(一)市场竞争风险

市场竞争风险首先体现在新能源汽车本身的发展方向上。我国新能源汽车行业布局依旧按照“三纵三横”思路布局和推动，但由于历史、技术和资源等原因，形成了国内新能源汽车市场以纯电动车型为绝对主流的格局，但业内的流行观点认为燃料电池车是优于纯电动车的方案，虽然燃料电池车的成本过高，一定程度上影响了其市场推广，但不排除其未来崛起成为新能源汽车市场重要势力的可能。

市场竞争风险还体现在新能源汽车领域激烈的竞争方面。安徽省本身拥有奇瑞、安凯、江淮等有实力的汽车企业，这些企业也均涉及新能源汽车行业，但应当意识到新能源汽车行业的竞争是异常激烈的，截至2019年11月，国内新能源造车企业中有新能源汽车造车资质的有15家，其中有10家具备“双资质”。此外，在放开新能源车企的持股比例限制之后，外资新能源车企将大批涌入国内，安徽省的新能源车企也将面临激烈的外部竞争环境，这无疑给安徽省自主品牌带来巨大的竞争压力。

同时，国际经济和贸易形式也影响着企业的生存和发展。

市场竞争风险还会传递到企业的技术研发和人才储备上。在技术方面，竞争导致行业的产品升级和技术进步的步伐加快，使企业研发投入面临的收益空间压缩，风险加大。在人才储备方面，安徽省企业对高精尖人才挽留的难度较大，优秀人才的流失不仅造成了企业本身产生巨大损失，还有可能提升竞争对手的实力，扩大发展差距。

(二)政策风险

作为重要的战略性新兴行业,在行业发展初期国家政策的作用尤其重要,但对政策的强关联性也意味着行业的发展受政策影响的波动较大。随着新能源汽车技术进步和产品升级,国家政策扶持的门槛也在逐渐提高,扶持方向也会依据不同发展阶段有所转变。

2019 年新能源汽车国家补贴幅度大规模退坡,新能源汽车地方补贴完全取消,技术标准有所提升,补贴标准和 2018 年有所差距,具体情况见表 8-1 所列。

表 8-1　新能源汽车补贴金额表

<table>
<tr><th>技术标准</th><th>EV 车型(标准)</th><th>2018 年</th><th>2019 年</th><th>PHEV 车型(标准)</th><th>2018 年</th><th>2019 年</th></tr>
<tr><td rowspan="5">里程补贴标准</td><td>$150 \leqslant R < 200$</td><td>15000 元</td><td>0</td><td rowspan="5">$R \geqslant 50$</td><td rowspan="5">22000 元</td><td rowspan="5">10000 元</td></tr>
<tr><td>$200 \leqslant R < 250$</td><td>24000 元</td><td>0</td></tr>
<tr><td>$250 \leqslant R < 300$</td><td>34000 元</td><td>18000 元</td></tr>
<tr><td>$300 \leqslant R < 400$</td><td>45000 元</td><td>18000 元</td></tr>
<tr><td>$R \geqslant 400$</td><td>50000 元</td><td>25000 元</td></tr>
<tr><td rowspan="4">能量密度系数</td><td>$105 \leqslant T < 125$</td><td>0.6</td><td>—</td><td>$105 \leqslant T < 125$</td><td>0.6</td><td>—</td></tr>
<tr><td>$125 \leqslant T < 140$</td><td>1.0</td><td>0.8</td><td>$125 \leqslant T < 140$</td><td>1.0</td><td>0.8</td></tr>
<tr><td>$140 \leqslant T < 160$</td><td>1.1</td><td>0.9</td><td>$140 \leqslant T < 160$</td><td>1.1</td><td>0.9</td></tr>
<tr><td>$T \geqslant 160$</td><td>1.2</td><td>1.0</td><td>$T \geqslant 160$</td><td>1.2</td><td>1.0</td></tr>
<tr><td>车辆能耗系数</td><td>m=整备质量(千克),Y=工况条件下百公里耗电量
门槛标准:
当 $m \leqslant 1000$ 时,$Y=0.0126\,m+0.45$;
当 $1000 < m \leqslant 1600$ 时,$Y=0.0108\,m+2.25$;
当 $m > 1600$ 时,$Y=0.0045\,m+12.33$</td><td>百公里耗电量(Y)
门槛:5%按 0.5 倍;5%~25%按 1 倍;25%以上按 1.1 倍</td><td>百公里耗电量(Y)
门槛:5%~10%按 0.5 倍;10%~20%按 0.8 倍;20%~35%按 1.1 倍</td><td>S=纯电续航/标准能耗</td><td>$60\% < S \leqslant 65\%$,补贴系数为 0.5;$S \leqslant 60\%$,补贴系数为 1.0</td><td>$55\% < S \leqslant 66\%$,补贴系数为 0.5;$S \leqslant 55\%$,补贴系数为 1.0</td></tr>
</table>

注:补贴金额=里程补贴标准×能量密度系数×车辆能耗系数。

2019 年政策过渡期补贴方案如下：①2019 年 3 月 26 日至 2019 年 6 月 25 日为过渡期，满足 2018 年国补要求，不满足 2019 年国补要求的车辆，按 2018 年国补标准的 10%计算；②同时满足 2018 年和 2019 年国补要求的车辆，按照 2018 年国补标准的 60%计算；③过渡期期间销售上牌的燃料电池汽车按 2018 年对应标准的 80%补贴。

在纯电动乘用车领域，仍按照续驶里程分档补贴，但由 2018 年的五档简化为两档，整体退坡幅度平均在 50%，且此前续航低于 250 千米的两档车型不再给予补贴。新能源客车方面，相比 2018 年，所有类型客车补贴标准均由 1 千瓦·时几千元跌至 1 千瓦·时几百元，其中快充类纯电动客车退坡幅度最大，直接从 2100 元/(千瓦·时)降至 900 元/(千瓦·时)。此外，所有类型客车的单车补贴上限也都腰斩过半。此次纯电动客车的补贴指标降低得很快，总体补贴降低 50%～55%，而且单度电量的补贴降低幅度更大。不过，新政策取消了新能源客车电池系统总质量占整车整备质量比例不高于 20%的门槛要求。

从表 8－2 可以看出，补贴新规大幅度提高了纯电动汽车补贴的技术门槛，引导和鼓励企业去突破关键技术难题，提高新能源汽车综合质量和品质，如果企业产品没有达到技术规格的要求，意味着企业所受到的补贴将大幅度降低，企业的后续发展也将受到影响。

表 8－2 2019 年新能源乘用车补贴标准变化表

<table>
<tr><th rowspan="2">项 目</th><th rowspan="2">续驶里程/能量密度</th><th colspan="2">补贴标准</th><th>2019 年技术要求的差异化描述</th></tr>
<tr><th>2018 年</th><th>2019 年</th><td rowspan="13">① 纯电动乘用车 30 分钟最高车速不低于 100 千米/时；
② 纯电动乘用车续驶里程不低于 250 千米；插电式混合动力乘用车(含增程式)续驶里程不低于 50 千米；
③ 纯电动乘用车动力电池系统的质量能量密度不低于 125 瓦·时/千克，125～140 瓦·时/千克的车型按 0.8 倍补贴，140～160 瓦·时/千克的车型按 0.9 倍补贴，160 瓦·时/千克及以上的车型按 1 倍补贴；
④ 根据纯电动乘用车能耗水平设置调整系数，纯电动乘用车整车能耗比规定门槛提高 10%～20% 的车型按 0.8 倍补贴，提高 20%～35%的车型按 1 倍补贴，提高 35%以上的车型按 1.1 倍补贴；</td></tr>
<tr><td colspan="2">补贴上限/[元/(千瓦·时)]</td><td>1200</td><td>550</td></tr>
<tr><td rowspan="6">单车补贴/万元</td><td>[100,150)</td><td>—</td><td>0</td></tr>
<tr><td>[150,200)</td><td>1.5</td><td>0</td></tr>
<tr><td>[200,250)</td><td>2.4</td><td>0</td></tr>
<tr><td>[250,300)</td><td>3.4</td><td>1.8</td></tr>
<tr><td>[300,400)</td><td>4.5</td><td>1.8</td></tr>
<tr><td>≥400</td><td>5</td><td>2.5</td></tr>
<tr><td rowspan="5">系统能量密度要求/(瓦·时/千克)</td><td>[90,105)</td><td>—</td><td>—</td></tr>
<tr><td>[105,120)</td><td>0.6</td><td>—</td></tr>
<tr><td>[120,140)</td><td>1</td><td>0.8</td></tr>
<tr><td>[140,160)</td><td>1.1</td><td>0.9</td></tr>
<tr><td>≥160</td><td>1.2</td><td>1</td></tr>
</table>

（续表）

项　目	续驶里程/能量密度	补贴标准		2019 年技术要求的差异化描述
		2018 年	2019 年	
获得 1.1 倍调整系数对应电耗优化比例	—	≥25%	≥35%	⑤ 工况法纯电续驶里程低于 80 千米的插电式混合动力乘用车 B 状态燃料消耗量与现行国家标准中的常规燃料消耗量对应限值相比小于 60%，比值为 55%～60%的车型按 0.5 倍补贴，比值小于 55%的车型按 1 倍补贴；工况法纯电续驶里程大于等于 80 千米的插电式混合动力乘用车，其 A 状态百公里耗电量应满足 2019 年纯电动乘用车门槛要求

除了补贴政策之外，还有其他方面的政策也会对企业产生影响。例如“双积分”政策，双积分政策给予了燃料电池车很高的积分。同时相关部委明确指出，在 2020 年以后，政府补贴将全面退出纯电动车领域。因此我们可以看出，政策层面对燃料电池车和纯电动车的扶持倾向不同，对燃料电池车的支持力度相对在增加，而我国当前的市场还是以纯电动车为绝对主流。今后在不同的发展阶段，国家也会根据主流趋势、实际国情以及行业发展阶段对规划和政策导向进行调整，随之发生的政策变动对新能源车企的影响较大。

同时，政策不确定性还体现在企业或地方政府的领导层换届之时，发展目标的差异而导致之前的投资没有办法完全落实到位，最终导致项目烂尾，这既体现在企业股权结构变更的过程中，也可能发生在地方政府换届的过程中。如果项目中断，则会使之前的投资付诸东流，造成较大的资源浪费，同时影响企业的经营稳定性。开发性金融支持要避开此类“雷区”。

（三）产能过剩风险

作为战略新兴行业，新能源汽车行业受到了中央政府和地方政府的大量补贴，补贴有可能会激励企业盲目扩张；同时由于新能源汽车行业的发展会让地方政府的政绩更加亮眼，各地都大量引入新能源汽车项目。近些年，新能源汽车行业的产能已经获得了飞速提升，但在局部地区以及局部的产业链环节，潜在的产能过剩风险也在不断累积，有报告指出，各类车企已经公开的新能源汽车产能规划超过 2000 万辆，是《节能与新能源汽车产业发展规划（2012—2020 年）》规划目标的 10 倍。在“三去一降一补”的大形势下，对企业盲目扩张和产能过剩的风险要格外警惕，最典型的例子是深圳市沃特玛电池有限公司（以下简称“沃特玛”）破产事件，由于存在大量的低端过剩产能和压货，在国家将补贴政策调整向能量密度较高的三元电池之后，沃特玛布局的大量生产磷酸铁锂电池的生产基地占用了企业大量资金，难以收回成本。

对于新能源汽车行业来说，要尤其警惕低端产能过剩风险，由于产品的更新换代和技术升级速度较快，如果不能及时跟进最前沿的技术，盲目推进项目，无序扩张，则会导致严重的结构化产能过剩，即高端产能不足和低端产能过剩并存的局面。

总之，安徽省新能源汽车行业基础好，投资前景大，开发性金融大有可为，但要注意投资过程中存在的风险。实际上，市场风险、产能过剩风险和政策风险并无严格明晰的界限，许多时候风险是交互的，例如政策的不确定性有可能导致低端产能累积，也有可能给企业带来市场风险。政府需要对新能源汽车产业链各个环节的本地龙头企业给予大力支持，对国轩高科等电池行业的领军企业给予大力支持，支持其对动力电池进行技术升级和进行动力电池回收产业的布局；对奇瑞、安凯、江淮等整车制造企业继续保证支持力度；对于燃料电池开发公司，重点支持其燃料电池的技术研发。不仅在生产端给予大力支持，还要采取不同的融资手段支持地方政府和购买者在市场端推广新能源汽车。

促进“融资、融商、融智”三位一体，加强“政产学研”跨界深度合作。既要满足新能源汽车行业资金需求，又要倡导新能源汽车行业加大人才引进力度，同时还要鼓励安徽省本地企业与外省企业甚至是外资企业进行合作，学习先进的研发技术、管理经验和推广手段。大力支持企业对研发工作的投入，以高质量的研发抢占技术高地，同时鼓励企业与政府、高校以及科研机构进行深度合作，鼓励企业联合高校申请国家重大研究计划，大力缩短新产品从初次研发到上市再到实现盈利的周期，高效地完成推动从技术研发到市场推广的过程。

参考文献

[1] 李文辉．新能源汽车产业链构建研究[D]．郑州：郑州大学，2012.

[2] 聂美晨．汽车产业转型升级势在必行——《节能与新能源汽车产业发展规划(2012—2020 年)》解读[J]．中国科技投资，2012(15)：19－22.

[3] 崔胜民．新能源汽车技术[M]．2 版．北京：北京大学出版社，2014.

[4] 柯志洪．新能源上市公司融资结构对技术创新投入的影响研究[D]．厦门：厦门大学，2018.

[5] 曾大丽．企业融资方式选择研究[J]．中国商论，2020(02)：31－32.

[6] 王晓黎．企业资本结构与融资决策问题研究[J]．金融经济，2014(14)：146－147.

[7] SAHLMAN WILLIAM A. The structure and governance of venture－capital organizations[J]. Journal of Financial Economics，1990，27(2)：473－521.

[8] CHARLES W CLAOMIRIS，CHARLES P HIMMELBERG，PAUL WACHTEL. Commercial paper，corporate finance，and the business cycle：a microeconomic perspective[J]. Carnegie－Rochester Conference Series on Public Policy，1995，42：203－250.

[9] ROBERT E CARPENTER，BURCE C PETERSEN. Is the Growth of Small Firms Constrained by Internal Finance? [J]. Review of Economics and Statistics，2002，84(2)：298－309.

[10] 周革平．资本结构与公司价值关系研究——MM 理论及最新进展概要[J]．金融与经济，2006(03)：29－31.

[11] 王召．开发性金融将化解中小企业融资困境[J]．金融经济，2006(01)：16－17.

[12] 魏炜．谈开发性金融对我国经济建设的现实意义[J]．金融教学与研究，2005(04)：58－59.

[13] 国家开发银行，中国人民大学联合课题组．开发性金融论纲[M]．北京：中国人民大学出版社，2006.

[14] 方聃．开发性金融退出机制研究[D]．沈阳：辽宁大学，2011.

［15］王绍宏. 中国开发性金融及其转型研究［D］. 天津：天津财经大学，2008.

［16］胡凯，谢申祥. 企业控制权理论综述［J］. 经济纵横，2006（06）：78－79，45.

［17］JENSEN MICHAEL C，MECKLING WILLIAM H. Theory of the firm：Managerial behavior，agency costs and ownership structure［J］. Journal of Financial Economics，1976，3（4）：305－360.

［18］罗建龙. 直接融资能否促进新能源汽车产业创新效率［D］. 大连：东北财经大学，2017.

［19］郑有利，王子恒. 加大金融支持新能源汽车产业的建议［J］. 金融博览，2019（10）：61.

［20］李健. 基于市场表现的中国新能源汽车产业发展政策剖析［J］. 南方农机，2019，50（16）：52.

［21］贾常艳. 到 2020 年新能源汽车市场规模将增长近 3 倍——《新能源汽车蓝皮书》国际论坛在京召开［J］. 电器工业，2016（08）：61－62.

［22］张平. 绿色金融的内涵、作用机理和实践浅析［D］. 成都：西南财经大学，2013.

［23］王永. 基于开发性金融的中小企业融资模式及信用评级研究［D］. 北京：中国矿业大学（北京），2013.

［24］赵彦波. 安徽省新能源汽车产业发展动力系统研究［J］. 安徽科技，2012（05）：14－15.

［25］黎宇科. 有效利用并完善我国车用动力电池回收体系［J］. 低碳世界，2012（03）：30－31.

［26］王梓霖. 发展中国绿色金融的逻辑与框架［J］. 财富时代，2019（09）：134.

［27］崔帅. 新能源汽车行业政府补贴对研发支出和绩效影响的实证研究［D］. 杭州：浙江大学，2019.

［28］张文，李凯，孟晓丹，等. 新能源汽车市场营销策略探究［J］. 汽车实用技术，2019（15）：18－20.

［29］魏慧茹. 基于哈佛分析框架下的江淮汽车财务分析［D］. 阜阳：阜阳师范学院，2019.

［30］王亚京. 国轩高科借壳上市案例研究［D］. 长春：吉林财经大学，2017.

［31］杨萍，易克传. 安徽发展新能源汽车的 SWOT 分析［J］. 安徽工业大学学报（社会科学版），2011，28（01）：9－11.

［32］伊群勇. 补贴政策下的新能源汽车市场金融支持模式研究［D］. 武汉：华中科技大学，2017.

［33］陈婉. 补贴新政下的新能源客车产业——《中国客车产业发展报告（2018）》发布［J］. 环境经济，2018（21）：24－29.